W0195417

Das Buch

Mit dem Motto ›frei heraus‹ hat Inge Meysel ihre Erinnerungen überschrieben, und so erzählt sie frisch und ohne Schnörkel, aber unmißverständlich, amüsant und ehrlich aus ihrem Leben. Dabei hatte sie, wie sie in einem Interview darlegte, nie Memoiren verfassen wollen. »Als ich anfing zu schreiben, habe ich gemerkt, daß so viele Erinnerungen hochkamen, daß meine Memoiren durchaus mehrere Bände hätten füllen können. Also habe ich mich bewußt reduziert. Gleichwohl habe ich tief gegraben und dabei manches wieder zutage gefördert, das mir weh getan hat, aber auch sehr viel, worüber ich noch einmal herzlich lachen konnte.« So lacht sie gleich zu Anfang über die fassungslosen Eltern bei ihrer Geburt, die sich ganz und gar auf einen Kronprinzen eingestellt und Wäsche, Wiege und Strampelhöschen vorsorglich in blau gekauft hatten. Später schildert sie ihre frühe Theaterlaufbahn, die 1930 in Zwickau begann, die sie in Berlin und Leipzig fortsetzte. Sie erzählt von der jähen Unterbrechung dieser Karriere durch die Machtergreifung der Nationalsozialisten — die ›Halbjüdin‹ Inge Meisel wurde mit Auftrittsverbot belegt —, und weiter von ihrem Erklimmen der Erfolgsleiter nach 1945 am Theater und im Fernsehen. In Inge Meysels Erinnerungen leuchten aber auch die ganz persönlichen Sternstunden und Glücksmomente auf. Da ist die Rede von Theaterbekanntschaften, ersten Auftritten, von Liebe und Freundschaft, da werden noch einmal die Stationen eines bewegten bis stürmischen und kompromißlos geradlinigen Lebensweges verfolgt. Auf jeder Seite ihrer Lebensgeschichte scheint die unbequeme und unvergleichlich couragierte Frau durch, bewundert und populär als ›Die Meysel‹, die es etwa 1982 rundheraus ablehnte, das Bundesverdienstkreuz anzunehmen: »Einen Orden, daß man sein Leben anständig gelebt hat? Nein Danke.«

Die Autorin

Inge Meysel wurde am 30. Mai 1910 in Berlin geboren. Durch ihre einzigartige Karriere am Theater und im Fernsehen wurde sie einem Millionenpublikum bekannt. Sie ist heute die wohl populärste deutsche Schauspielerin der Nachkriegszeit.

INGE MEYSEL

*Frei heraus –
mein Leben*

WILHELM HEYNE VERLAG
MÜNCHEN

HEYNE ALLGEMEINE REIHE
01 / 8741

Inhalt

Teil 2   1946 bis heute

Vorwort

zu einem Buch mit den Bildern meines Lebens

Ich weiß, ich hätte es früher schreiben müssen.

Ich habe zuviel vergessen. Vergessen? Nein, innerlich ad acta gelegt.

Jetzt fange ich an zu graben, aber achtzig Jahre zurückgraben ist lang. Zu lang.

Doch ich habe zugesagt.

Schon einmal bin ich zurückgeschreckt, Gott sei Dank hatte ich damals nicht unterschrieben.

Jetzt muß ich schreiben.

Dabei juckt es mich auch, es kommen soviele Erinnerungen, doch dann, der innere Schweinehund. Wozu? Warum?

Gib Ruhe, wer weiß, wie lange du überhaupt noch da bist, also warum so lange nachdenken?

Und dann: Inge, du siehst doch, wieviele gute, herrliche Memoiren geschrieben wurden und so schnell wieder aus dem Gedächtnis der Menschen verschwunden sind?

Aber nun Schluß. Ich habe zugesagt, jetzt fang' ich an zu sortieren. Bloß nicht systematisch, nein, das nicht.

Inge Meysel

P.S.
Was Systematik, Ordnung und »gutes Deutsch«, auf jeden Fall besseres, als in diesem Vorwort, angeht, bedanke ich mich für Sie, liebe Leserin, lieber Leser, bei Frau Dr. Ingeborg Volk. Vielen Dank, meine Liebe!

Teil 1
1910–1946

Ein kleines Bündel Glück

»Hello, this is Radio Hamburg, the station of the military government. ...« Madka saß direkt vor dem Volksempfänger, ja, sie kroch geradezu hinein. Ich hockte auf dem Teppich, wir heulten wie die Schloßhunde. In diesem Moment fiel alle Last der letzten zwölf Jahre von uns ab, der Schrecken, die Angst, die Hab-Acht-Haltung. Es war so unfaßbar, daß alles vorbei sein sollte, daß wir der Gefahr, die immer auf uns lauerte, letzten Endes doch entgangen waren. Madka schluchzte immer wieder: »Inge, Inge, Inge ...«

Ich stand auf, nahm sie ganz fest in die Arme.

»Madka, wenn es von jetzt ab klingelt, dann ist es nicht mehr die Gestapo, dann ist es der Milchmann.«

Wir waren ein kleines Bündel Glück, wie es wohl Tausende in dieser Stunde gegeben haben mag. Wir hatten überlebt, waren entkommen. Gott möge geben, daß niemand mehr eine solche Situation erleben muß, wie wir sie gerade hinter uns hatten. Aber nur, wer sie erlebt hat, kann ermessen, was dieser Moment für uns wirklich bedeutete. Meine erste Handlung, fast noch in Trance, war denn auch etwas, das man sich kaum vorstellen kann, wenn man diese Zeit nicht erlebt hat. Ich stand auf und nahm aus meiner Handtasche eine Kapsel, die ich »tausend Jahre« bei mir getragen hatte. Mein Vater hatte sie damals besorgt. Ich warf sie in die Toilette, denn ich brauchte sie nicht mehr: Zyankali. Nein, uns hätten sie nicht wie Vieh abtransportieren und in die Gaskammern treiben können. Wie hatte er gesagt: »Wenn es soweit kommen sollte, schlagen wir ihnen ein Schnippchen.«

Es war der 2. Mai 1945, ich war genau 34 Jahre, 11 Monate, 2 Tage alt. Das Leben war mir neu geschenkt worden. Es war, wenn man so will, meine zweite Geburt.

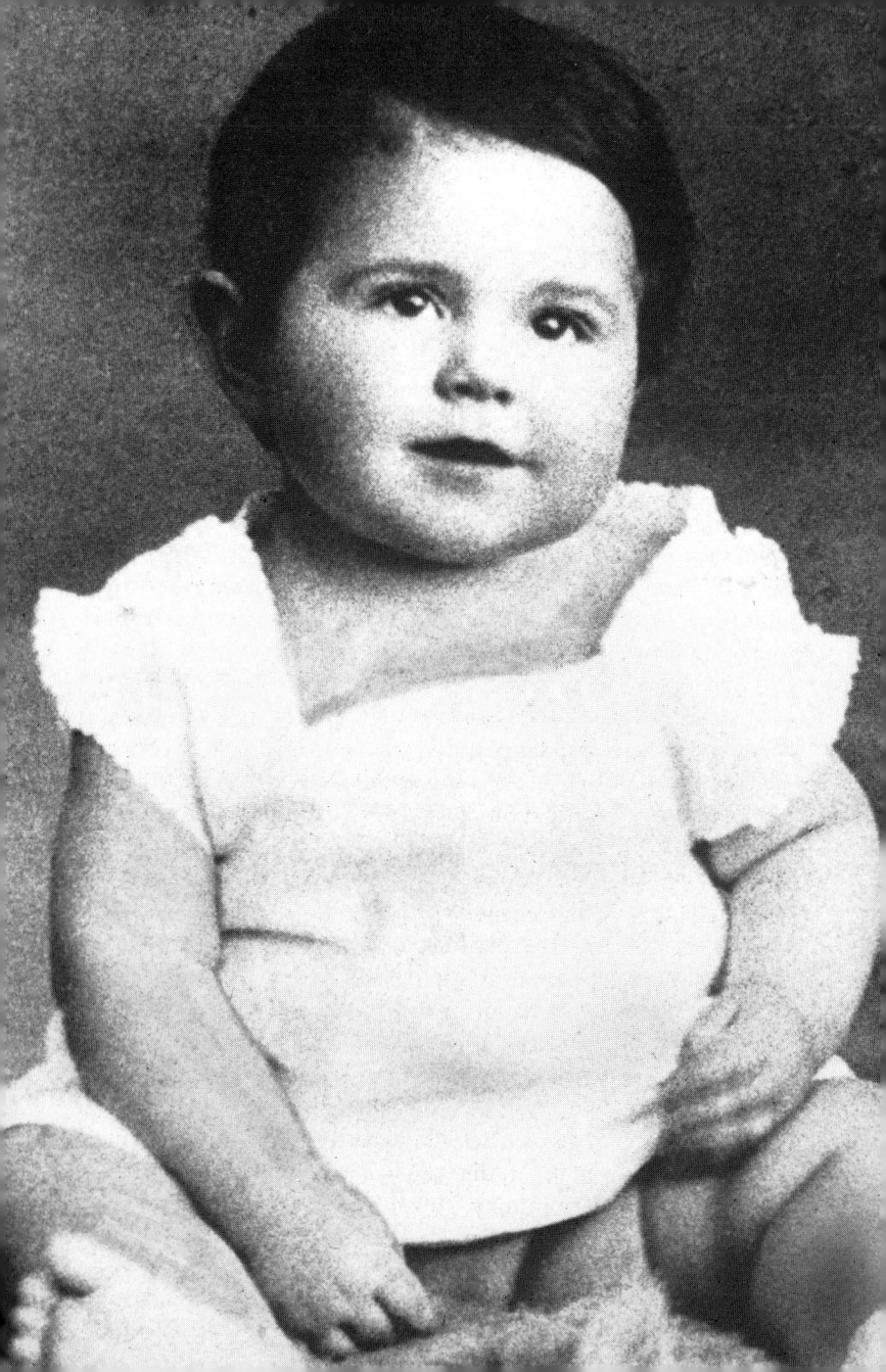

Zu den Anfängen, meinen Wurzeln

Meine erste Geburt am 30. Mai 1910 war auch nicht gerade einfach. Es fing schon damit an, daß ich partout nicht hinauswollte ins Leben. Ich fühlte mich wohlig warm in diesem Mutterleib. Schließlich hatte ich ja neun Monate Zeit gehabt, mich einzurichten. Aber das Sträuben war umsonst, sie holten mich schließlich mit einer Zange. Die Narbe habe ich heute noch im Nacken. Es folgte, natürlich, der erste Protestschrei, der die vier Wartenden erlöste.

Der zwanzigjährige Vater ließ den Champagnerkorken knallen, um auf seinen Ersten anzustoßen. Als die Hebamme mit dem Bündel kam, sagte er: »Trinken Sie einen Schluck mit uns, ich halte inzwischen meinen Sohn.«

Die Hebamme sah ihn einen Augenblick an, dann, ohne viel Umschweife, schlug sie die Windeln auseinander. »Hier haben Sie Ihren Sohn – allerdings fehlt ihm eine Kleinigkeit.«

Alle starrten mich an. Es stimmte, es fehlten die berühmten paar Zentimeter.

Die Vier waren fassungslos, sie hatten alle einen Jungen erwartet. Peter Hansen und seine Frau Anna, geborene Blümke, die Eltern der jungen Mutter, und Regina Meysel, die Mutter des jungen Vaters Julius. »Mein Gott, was wird mein Mädel sagen, wenn sie aufwacht, sie hat doch alles in blau gekauft, die Wiege, die Wäsche, die Strampelhöschen.«

Die frischgebackene Großmutter mütterlicherseits war ganz aufgeregt. Regina Meysel dagegen, die Mutter des jungen Vaters, bewies auch in dieser Situation ihren Verstand. »Quatsch«, sagte sie, »die Windeln und das, was das Kind da reinmacht, sind auch nicht Blau.«

»Ja, aber der Name ...«

Hilflos kam es wieder von der Hansenschen Seite, »das Geschirr mit den zwei Hähnen drauf, die halten ein ›J‹ im Schnabel«.

In der Tat, ich sollte Johnny heißen.

Wer weiß, vielleicht habe ich mein Naturell der Tatsache zu

verdanken, daß ich nicht in Rosa gebettet wurde. Geschadet hat mir das Himmelblau jedenfalls nicht.

Zurück zu den Anfängen, zu meinen Wurzeln. Es war nämlich schon einigermaßen ungewöhnlich zu der Zeit – 1909 –, was da den beiden jungen Menschen passiert war. Ihr, Margarete Dagmar Antonie Luise Hansen, noch keine 18 Jahre alt, und ihm, Julius Meysel, 19 Jahre alt. Beide kamen aus total verschiedenen Welten, ich möchte sogar sagen, aus unterschiedlichen Klassen.

Ihr Vater, der Kürschnermeister Peer Marius Linius Hansen aus Randers in Dänemark, und ihre Mutter Anna. Sie waren nach Berlin gegangen, weil es ihnen in Randers zu eng war. Er hatte in der Koppenstraße ein Kürschnergeschäft aufgemacht und darüber wohnten sie. Sie hatten sich sozusagen situiert – und Peer Hansen nannte sich deutsch Peter Hansen. Aber Däne blieb er und bei aller Liebe, die ich wirklich immer zu diesen Großeltern hegte, sie waren, was man so nannte, Kleinbürger.

Vielleicht klingt es heute abfällig, wenn ich das als Achtzig-jährige schreibe. Aber es gab damals strenge Klasseneinteilungen. Arbeiter nannte man Proleten, nicht zu verwechseln mit Proletariern! Dann kamen die Kleinbürger, dann die Bürger, dann der Adel. Die Grenzen dazwischen waren starr und unverrückbar. Man blieb unter seinesgleichen.

Die Hansens bekamen neun Kinder, von denen vier überlebten. Was damals nur wenigen Kindern gelang, denn die meisten starben an Masern, Röteln, Scharlach, Diphtherie. Es gab noch keine Mittel dagegen. Die Tatsache, daß so eine Frau bei neun Kindern rundweg zwanzig Jahre schwanger oder am Stillen war, sehe ich heute noch als ein Phänomen. Oma Hansen sah das anders. Es waren ihre zehn schönsten Tage, die sie in der Klinik verbringen durfte. Liegen, faulenzen und dem Baby die Brust geben. Sie sagte: »Das war wie Ferien.«

Und der Großvater war sehr großzügig.

»Die ersten vier Wochen zu Hause bekam ich auch noch eine Aufwartefrau. Deshalb war ich so gern schwanger.«

Vier Kinder jedenfalls haben die Hansens großgekriegt. Der älteste Sohn Max wurde später ein berühmter Rennfahrer. Nach

Pashaverens Underskrift.

... durch das obige Bild dargestellte Person ...
und die vorstehende Unterschrift eigenhändig voll-
zogen hat.
Königlich Dänische Gesandtschaft,
Berlin, den *31. Januar 1919*

Det danske *General* **Konsulat**

i *Berlin*

Signalement: | anmoder alle og enhver om uhindret at lade pas-

Pashaverens Underskrift.

18. December 1921

Det danske *General* **Konsulat**
Berlin

i

Signalement: | anmoder alle og enhver om uhindret at lade pas-

Mein Vater Julius, 23jährig

Meine Mutter Margarete Dagmar Antonie Luise Hansen, 17jährig

Onkel Paul (Hansen), der Opernsänger

Onkel Max (Hansen), der Radrennfahrer

seinem tödlichen Unfall wurden noch Jahre danach Max-Hansen-Gedächtnisrennen in Berlin gefahren. Der zweite Sohn Hermann fiel im Ersten Weltkrieg, der jüngste, Paul Hansen, wurde ein berühmter Opernsänger, der es bis zur Berliner Staatsoper gebracht hatte. Er verlor dann, durch was auch immer, seine Stimme und wurde Operettenkomiker, spielte und inszenierte in der Provinz. (Begonnen hat er übrigens dereinst mit Therese Giehse in Gleiwitz. Die Freundschaft hielt ein Leben lang.) Die Tochter Hansen war Grete, meine Mutter.

Ganz andere Wurzeln hatte die Familie meines Vaters – eine angesehene Familie Guttentag aus Breslau, alles studierte Leute mit Ämtern, Titeln und Würden. Es gibt eine herrliche Anekdote, die in der Familie erzählt wurde: Kaiser Wilhelm II. kam nach Breslau, es wurden ihm die Honoratioren vorgestellt, u. a. Professor Guttentag, Dr. Guttentag, Professor Dr. Dr. Guttentag, Konsul Guttentag und so weiter und so weiter. Er lächelte und sagte: »Meine Herren, nichts ist schwerer zu ertragen als eine Reihe von guten Tagen.«

Die Guttentags haben sehr darüber gelacht und haben ihrerseits verbreitet, Wilhelm II. brauchte die Guttentags, um einmal im Leben geistreich zu sein.

Regina Guttentag wurde als Sechzehnjährige mit einem dreißig Jahre älteren Mann, Julius Meysel aus Prag, verheiratet. Er hatte sich als Kaufmann in Breslau niedergelassen. Man war damals der Meinung, ein junges Mädchen müsse in die Obhut eines erfahrenen Mannes, damit das Leben gesichert sei. Als Gegengabe sozusagen gab man Töchtern aus gutem Hause eine gute Bildung mit, dazu die Fähigkeit, einen großen Haushalt zu führen.

Welche Tragik sich bisweilen hinter diesen bürgerlichen Fassaden abspielte, wurde mir als junges Mädchen klar, als meine Oma Regina mir ihre Geschichte erzählte. Blutjung stand sie in ihrem Hochzeitskleid, schon mit dem Schleier geschmückt, als ihre Mutter sie plötzlich umarmte: »Liebling, ich muß dir etwas sagen. Du wirst heute nacht etwas erleben, was nicht sehr schön ist. Aber glaub mir, das ist der Lauf der Natur, alle Frauen müssen das erdulden.«

Sie wußte überhaupt nicht, wovon ihre Mutter redete. Das war der Beginn ihrer Ehe.

Die Ehe war nicht glücklich, der Mann starb, während Regina mit meinem Vater Julius im sechsten Monat war. Er war ihr dritter Sohn. Der älteste Sohn war Karl, dann kam Harry. Der Vater Guttentag nahm seine Tochter mit den drei kleinen Kindern wieder bei sich im Haus auf. Aber Regina Meysel resignierte nicht, schickte sich nicht ins Witwendasein, sondern baute sich eine eigene Existenz auf. Und das um die Jahrhundertwende!

Sie blieb drei Jahre im Elternhaus, dann nahm sie die Hinterlassenschaft ihres Mannes, ließ sich vom Vater ihr Erbe auszahlen und ging mit den Söhnen nach Berlin. Zur damaligen Zeit etwas Ungeheures, die Kinder waren sieben, fünf und drei Jahre alt. Dort begann sie eine kleine Blusenfabrikation, sie entwarf selbst, schnitt selbst zu und nähte selbst. Binnen kurzer Zeit konnte sie zwei Näherinnen anstellen, später auch einen Zuschneider. Das hatte ihr ihre gute Ausbildung als höhere Tochter ermöglicht, sie hatte eben außer Kochen und Sticken noch Malen und Nähen gelernt. Und sie sprach Englisch und Französisch perfekt.

Nach ein paar Jahren war aus der kleinen Blusenfabrikation eine Blusenfabrik geworden. Ihre Söhne wuchsen heran, bekamen eine gute Ausbildung. Aber keiner ist das geworden, was sie sich erhofft hatte, ein guter, jüdischer Familienvater. Alle drei haben sie bitter enttäuscht, denn sie war ihr Leben lang eine fromme Jüdin. Sie lebte streng koscher, das Milchige vom Fleischigen getrennt, und hat ihre Jungs auch so erzogen. Aber alle drei haben Christinnen geheiratet und darüber ist sie nie hinweggekommen. Karl wurde Apotheker, Harry ein begabter Designer. Er hat schon als Siebzehn-/Achtzehnjähriger Blusen entworfen, die bei ihr fabriziert wurden.

Den schwersten Schlag aber hat ihr ihr Jüngster Julius versetzt. Er sollte nun wirklich studieren, und zwar Jura. Es wäre auch alles gutgegangen, wenn nicht beide Familien – die Hansens und die Meysels – bei allen gesellschaftlichen Unterschieden eine Gemeinsamkeit gehabt hätten. Sie waren Pferdenarren.

Die drei Meysel-Jungen ritten wie die Teufel, eine Idee, auf die

Peter Hansen für seine Kinder nie gekommen wäre. Obgleich beide – Regina Meysel und Peter Hansen – dieselbe Leidenschaft hatten: das Trabrennen. Nur ein Unterschied – Regina Meysel konnte sich das leisten, Kürschnermeister Hansen aber nicht, nämlich das Wetten. Nicht selten mußte Anna Hansen das Geld zusammenhalten, wenn ihr Mann mal wieder einen »todsicheren« Tip von einem Jockey-Freund gekriegt hatte.

An einem der üblichen Rennsonnabende in Berlin-Mariendorf lernte der junge Julius Meysel die 17jährige Grete Hansen kennen, und zwar bei seinem Freund, der einer der berühmtesten Jockeys der Zeit war – Johnny Mills. Er und sein Bruder waren damals das, was jahrzehntelang Hänschen Frömming für den Trabersport war. Dieser Johnny war der Grund dafür, daß auf dem Geschirr zu meiner Geburt ein »J« stand. Sie hatten sich im Stall bei ihm kennengelernt, also sollte der Sohn nach ihm benannt werden.

Die siebzehnjährige Grete und der achtzehnjährige Julius hatten sich rettungslos ineinander verliebt. Und wie heißt es doch in Romanen der damaligen Zeit? Sie vergaßen sich! Irgendwann im September/Oktober 1909 gestand Grete die Folgen. Beide waren ratlos. Er wußte, daß er zum Studium weg sollte, ihr war klar, daß ihr Vater sie totschlagen würde. Sie, die einzige, geliebte Tochter von Peter Hansen, und dann sowas!

Julius war zu feige, es seiner Mutter zu gestehen, aber Grete ging zu ihrer Mutter, die dann auch, wie erwartet, sagte: »Grete, er schlägt dich tot.« Er schlug sie nicht tot, er hatte nur einen einzigen Gedanken: Seine Skatbrüder! Sein dänischer Verein! Seine Kunden! Und dann, oh Gott, seine Familie in Randers! Die Vorstellung, jemand könnte sagen: »Peter Hansen hat eine Tochter, die ein uneheliches Kind erwartet«, hat ihn fast um den Verstand gebracht. Merkwürdigerweise wurde er auch gar nicht jähzornig, sondern fragte nur: »Wer hat das gemacht?«

Er ist gar nicht darauf gekommen, daß sie mitbeteiligt war. Als er Grete nach dem »Urheber« fragte, sagte sie: »Ich glaube, du kennst ihn von der Rennbahn. Das ist der Jüngste von der Frau, die du immer die ›arrogante Person‹ nennst. Julius Meysel heißt er.«

»Wo wohnen diese Leute?«

Sie nannte die Adresse und er ging hin, schnurstracks. »Wo ist Ihr jüngster Sohn?«

Ohne sich überhaupt vorzustellen, drohte er: »Ich werde ihn erschlagen. Er hat meine einzige Tochter, mein unschuldiges Kind, geschwängert – wo ist er?«

Regina Meysel begegnete diesem fremden, zornbebenden Mann äußerst kühl und reagierte so, wie ich auch hätte reagieren können. »Also erstens gehören zum Schwängern immer zwei. Und dann wäre es nett, wenn Sie sich vorstellten.«

Er starrte sie an. Nein, diese sachliche Frau war ihm nicht sympathisch. Der Kürschnermeister Peter Hansen war diesen Menschenschlag nicht gewohnt, Frauen hatten anders zu sein.

Regina Meysel wiederum war klar, daß sie diesen in seiner Ehre gekränkten Kleinbürger nicht mit Geld abfinden konnte. Hier kam nur eine Heirat in Frage – eine für sie schreckliche Vorstellung. Sie mußte schlucken, daß auch ihr Jüngster sozusagen eine Etage tiefer heiraten mußte. Das ging wohl in ihrem Kopf herum, aber sie bewahrte Haltung. Sie sagte: »Die Papiere meines Sohnes bekommen Sie in den nächsten Tagen, um Ihr Aufgebot zu bestellen.«

Aber darum ging es Peter Hansen nicht. Ihm ging es um eine richtige Hochzeit, seine Tochter in Weiß, mit Orgelklängen und blumenstreuenden Kindern. Um eine Feier mit all seinen Skat- und Vereinsbrüdern, mit Kunden und Nachbarn.

»Sobald ich den Termin bekomme, teile ich Ihnen den Hochzeitstag mit. Es wird in der Andreas-Kirche geheiratet, bei unserem Pfarrer, der alle meine Kinder getauft und eingesegnet hat.«

Was ich an meiner Oma Meysel später am meisten liebte, dieses leicht amüsierte Lächeln, diesen kaum zu erahnenden Spott, der um ihre Mundwinkel zuckte, in dieser Art, nehme ich an, wird sie auch hier geantwortet haben: »Lieber Herr Hansen, aus Ihrer schönen kirchlichen Trauung wird nichts. Mein Sohn ist mosaisch.«

Ich bin heute noch davon überzeugt, daß es Peter Hansen egal war, welche Religion jemand hatte oder welcher rassischen Herkunft jemand war. Ich glaube, er dachte nicht in solchen Kategorien. Dänen sind ein Seefahrervolk und Seefahrervölker kennen keine Vorurteile dieser Art, weil sie viel zu viel schon herumgekommen sind. Insofern war das Wort »mosaisch« nicht die Axt, die ihn traf. Es war vielmehr der ausgeträumte Traum, die Tochter in Weiß zu erleben und sich selbst, wie er als Brautvater mit seiner Tochter am Arm das Kirchenschiff durchschreitet, vorn wartet der Pastor und führt die Braut dem Bräutigam zu. Und natürlich alles vor seinen Gästen. Aus. Vorbei. Er wußte wohl selbst in dem Moment nicht, was schlimmer war, die Tochter schwanger oder die geplatzte Hochzeit in Weiß.

Jedenfalls war es das Ende der Unterhaltung. Das Aufgebot wurde bestellt, die Geburtsurkunden lagen vor, der Termin war 1. Januar 1910. Alle trommelten ihre Freunde und Bekannten zusammen, man kam auf 60 Personen, die zum großen Hochzeitsessen geladen waren. Natürlich entbrannte ein Streit zwischen den Familien, wer denn nun bezahlen dürfe, aber mich ging das alles gar nichts an, ich war nun langsam im vierten Monat, schwamm behaglich im Fruchtwasser und ließ den lieben Gott einen guten Mann sein.

Kgl. Standesamt II Rixdorf.
Nansenstraße 3.
Registr.-Nr. 099 de 1910   Gültig nur zum Zwecke der Taufe.   M.-R. Dresden

Bescheinigung
über Eintragung eines Geburtsfalles.

Vor- und Zuname: Ingeborg Charlotte Hansen
Geburtstag, Ort und Wohnung: 30. Mai 1910, Rixdorf, Berlinerstraße 7.

Vor- und Zuname, sowie Stand des Vaters: /

Religion: /
Vor- und Zuname der Mutter: Margarete Hansen unverehel.
ohne Beruf,   Religion: ev.

Rixdorf, den 6ten Juni 1910

Der Standesbeamte.

Anmerkung: Das Reichsgesetz über die Beurkundung des Personenstandes und die Eheschließung vom 6. Februar 1875 bestimmt in § 82:
„Die kirchlichen Verpflichtungen in Beziehung auf Taufe und Trauung werden durch dieses Gesetz nicht berührt."

K. St. A. II. 1. 5000. 13. 5. 08. N.

Sie wird noch genug reden müssen im Leben

Der Hochzeitstag kam, Peter Hansen und ein Vetter der Familie Meysel aus Breslau waren die Trauzeugen. Mit einer Kutsche fuhren sie zu viert nach Rixdorf zum Standesamt. Grete hatte sich wie üblich eingeschnürt, man trug Wespentaille. An das Kind dachte keiner der Beteiligten, und die anderen wußten ja nichts davon.

Der Standesbeamte verstand überhaupt nicht, daß sie gekommen waren, sie seien doch benachrichtigt, daß die dänischen Papiere fehlten.

Grete wäre fast ohnmächtig geworden, zum einen wegen des Korsetts, zum anderen wegen der Schande. Der Vetter aus Breslau machte den einzig vernünftigen Vorschlag: »Wir fahren jetzt zur Hochzeitsfeier und ihr tut so, als wäre alles richtig gelaufen. Und wenn ihr von der Hochzeitsreise kommt, fahrt ihr allein nochmal hierher, nehmt euch irgendwen, der vor der Tür steht, als Trauzeugen, und keiner merkt was.«

Gesagt, getan. Die Gäste kamen auf ihre Kosten, das Brautpaar lachte sich innerlich tot, denn nicht einmal die beiden Mütter erfuhren von dem »Betrug«. Am Abend ging es dann mit dem Schlafwagen auf Hochzeitsreise nach Lugano. Und ich kann nur sagen, die beiden vergaßen ganz, daß ich schon mit ihnen reiste, und amüsierten sich sehr. Auf jeden Fall nahmen sie auf meinen Zustand keine Rücksicht. Aber auf dem Rückweg revanchierte ich mich schon als strampelndes Etwas.

Grete und Julius zogen in eine komplett von den Eltern eingerichtete Wohnung in Rixdorf. Der einzige Störenfried war ich, denn Grete hatte fortwährend Gelüste auf Saures, was natürlich einen Sohn bedeutete. Mitten in der Nacht mußte der arme Julius los und Heringe, saure Gurken, Rollmöpse – was auch immer – auftreiben. Und wenn er dann stolz und erfolgreich zurückkam, sagte sie: »Danke, mein Schatz, jetzt habe ich keinen Appetit mehr. Aber du bist ja auch ewig weggeblieben.«

Mit der heimlichen Hochzeit wurde es erstmal nichts. Die Papiere aus Dänemark waren noch immer nicht da. Und so wurde ich am 30. Mai 1910, früh so um acht Uhr herum, nicht nur unehelich, sondern auch als Mädchen geboren. Also kein Erbe, kein Stammhalter, kein Kronprinz – mit welchen Begriffen auch sonst noch Jungen angezeigt werden. Mädchen waren einfach Mädchen. Schluß.

Was sie sicher nicht gewußt, nicht einmal geahnt haben, daß sie mich mit ihren Gedanken und Wünschen geformt haben, denn ich war mein ganzes Leben lang ein Sohn. Ich habe nie mit Puppen gespielt, ich habe Puppen zerlegt. Ich habe Völkerball und Handball gespielt, habe mich gekloppt und gehauen wie alle Jungens. Eine vielleicht für Mädchen typische Eigenschaft hatte ich allerdings – ich tanzte so gern. Nein, gern ist gar kein Ausdruck.

Meine Eltern heirateten dann am 17. August 1910. Mein Vater hat mich als Kind anerkannt und adoptiert. Aus Ingeborg Charlotte Hansen wurde Inge Meysel.

Meine Kindheit war überhaupt anders als bei anderen, denn meine jungen Eltern dachten gar nicht daran, auf ihr Vergnügen zu verzichten. Am Wochenende ging man sowieso zur Trabrennbahn und zum Tanzen, aber auch in der Woche wollten sie ausgehen. Es gab in Berlin wohl kein Theaterstück, keine Oper, die sie nicht gesehen haben. Und so wurde ich, wie ein kleines Paket, fast Abend für Abend bei den Großeltern abgegeben. Bei Oma Meysel wuchs ich in ihrer Wohnung auf, bei Opa Hansen im Laden. Dort im Geschäft krabbelte ich zwischen Pelzmänteln, Pelzen, Mützen, Uniformlitzen herum, setzte mich ins Schaufenster und unterhielt dadurch die Passanten in der Koppenstraße. Ich setzte mir Pelzkappen auf, band mir die Füchse um und soll, so erzählte man in der Familie, als Dreijährige ganze Vorstellungen gegeben haben.

Meist endete meine Vorstellung dann damit, daß jemand hereinrief: »Herr Hansen, Ihre Kleine ist mal wieder im Schaufenster!«

Dann bekam ich den Hintern voll, wurde zu Oma Hansen raufgebracht, und da war es schrecklich langweilig.

Bei Oma Meysel war es ganz anders. Schon die Wohnung, vor allem aber ihr Schlafzimmer! Regina Meysel hatte ein Himmelbett mit vier Pfosten und an den Seiten und am Fußende seidene Vorhänge, die man zuziehen konnte. Drinnen war es ganz dunkel. Ich weiß noch heute, ich lag in Omas Armen und hörte ihren leisen Liedern zu. Oder sie erzählte mir Märchen, schöne Märchen, in denen es keine bösen Stiefmütter gab, keine Wölfe, die Kinder fressen, keine ungezogenen Mädchen, die in den Brunnen geschmissen werden. Nein, Grimmsche Märchen hat mir Regina Meysel nie erzählt. Ihre Märchen waren manchmal lustig, manchmal traurig, aber sie taten niemals weh.

Und noch etwas sehe ich wie damals vor mir: ihr Vertiko. Darauf stand eine Büste, ein Mann mit einem weißen Gesicht aus »Elfenbein«, wie sie mir erklärte. Der trug eine wunderschöne Mütze mit Ohrenklappen. Alles war aus dunkelgrünem Marmor, auch die Schultern. Ich hatte immer ein wenig Angst, weil er so streng blickte, aber Oma beruhigte mich, er sei ja nur aus Stein. Es war eine Büste von Dante Alighieri, einem der großen Dichter der Weltliteratur. Das allein aber war es nicht, sondern dieser Steinmann wurde beleuchtet von sechs bis acht Gläsern, die um ihn herum standen und mit Öl gefüllt waren. Ein Docht schwamm auf dem Öl, und diese Lichter brannten Tag und Nacht. Es waren die Lichter ihrer Toten. Solange Regina Meysel lebte und in welcher Wohnung sie auch wohnte, diese Lichter brannten immer.

Noch heute, nach diesen vielen Jahrzehnten, sehe ich die Lichter vor mir. Ich glaube, sie leuchten in mir weiter. Jedenfalls erzählte sie mir von jedem Toten die schönsten Geschichten, es waren die Menschen, die sie geliebt hatte – ihre Eltern, Onkel, Tanten. Merkwürdigerweise hat sie mir nie etwas von ihrem Mann, meinem Großvater, erzählt. Das ist mir erst viel später klargeworden. Und ich werde es nie begreifen, daß von *ihr,* diesem von mir am meisten geliebten Menschen, kein Bild existiert.

So wuchs ich auf, und ich kann mich eigentlich nicht an eine einzige Nacht bei meinen Eltern erinnern. Auf jeden Fall müssen die anderen Eindrücke stärker gewesen sein.

Ich war ein fröhliches Kind. Man sagt, ich hätte fast immer gelacht. Und selbst, wenn ich einen Klaps bekam, hätte ich nur die Schnute verzogen und ein paar Tränchen rausgedrückt, aber nicht mehr. Dennoch war keiner glücklich: Ich war ein stummes Kind. Zwar stieß ich Laute aus, aber das war auch alles. Stundenlang versuchte Grete, mir »Maa-ma« beizubringen. Dann kam Julius rein und sagte: »Ach Grete, Grete, hör auf, laß das Kind zufrieden.«

Kaum war sie draußen, lag Julius vor mir auf dem Teppich und sagte: »Pa-pa.«

Grete kam zurück, sagte: »Julius bitte, Julius, laß das Kind zufrieden.«

Ich nahm sie alle zur Kenntnis, lachte sie an, doch ich schwieg. Sie gingen zu Dr. Jacoby, dem Arzt, der mich mit der Zange geholt hatte, und beschrieben ihm alle Symptome. Er sagte nur: »Lassen Sie das Kind in Ruhe, sie wird noch genug reden müssen im Leben.«

Wenn er gewußt hätte, wie recht er hatte!

Kurz vor meinem zweiten Geburtstag habe ich ohne jede Vorwarnung plötzlich »Dete, Dete!« gerufen. Meine Mutter wurde wahnsinnig: »Sie hat ›Grete‹ gesagt!«

Mein Vater war erst beleidigt, aber nach ein paar Tagen rief ich »Julius« und siehe da, auch seine Welt war wieder in Ordnung.

Von da ab habe ich diese beiden jungen Leute, die meine Eltern waren, mit Jule und Grete angeredet. Und dabei blieb es vorerst.

Aus einem ganz bestimmten Grund muß ich auch erwähnen, daß ich ein hübsches, aber restlos rothaariges Kind gewesen bin. Der junge Bruder von Grete, Paul, der spätere Opernsänger, verdiente sich sein Geld fürs Konservatorium dadurch, daß er schon im Opernchor mitsang. So sang er auch im Chor des Potsdamer Hoftheaters. Als man die Oper »Hänsel und Gretel« gab, nahm mich Onkel Paul mit, man brauchte dort noch einen kleinen Engel. Ich war dreieinhalb Jahre. Auf den zwei Proben kriegte ich ein weißes Hemdchen angepaßt, garniert mit zwei Flügeln. Um mich rum die Großen mit ihren Engelskleidern. Wir bewachten den Schlaf von Hänsel und Gretel, nachdem sie im Wald von ihren Eltern ausgesetzt wurden. Es endete mit einem wunderschönen allegorischen Bild, der Vorhang fiel, es war Pause.

Der Abend der Premiere kam.

Ich kniete bei Hänsel und Gretel, mit einem Palmwedel brachte ich sie in den Schlaf, die sehr schöne Musik von Humperdinck verklang, der Vorhang ging zu, alle Engel rannten ab, Hänsel und Gretel gingen an die Rampe, um sich zu verbeugen. Und vor ihnen rannte ein kleiner Engel und machte einen artigen Knicks.

Kaum war der Vorhang zu, zischte Hänsel den kleinen Engel an: »Verschwinde!«

Der Vorhang ging wieder auf – da stieg der kleine Engel auf den Souffleurkasten, hob sein Hemdchen und knickste. Als der Vorhang zum dritten Mal aufging, sah man einen kleinen, strampelnden, schreienden Engel unter dem Arm eines großen Engels, der ihn von der Bühne trug. Ein Riesenerfolg, nur nicht so direkt für Hänsel und Gretel. Auf jeden Fall war damit meine Karriere am Potsdamer Hoftheater beendet. Potsdam hatte einen Star verloren.

Potsdamer Hoftheater (um 1920)
»Dem Vergnügen der Einwohner«

29

Sie gehört zum Theater

Das Glück von Grete und Julius dauerte zunächst vier Jahre, bis nämlich an einem Sommertag in Sarajewo der österreichische Thronfolger und seine Frau ermordet wurden. Dieses Attentat – ein verdammenswertes Ereignis wie alle Attentate – nahm man zum Anlaß, einen Krieg anzufangen, der mit Diplomatie und Verstand hätte verhindert werden können. Aber die Eitelkeit und das falsche Ehrgefühl der Österreicher waren offensichtlich so beleidigt worden, daß der österreichische Kaiser seinem Bluts- und Waffenbruder Wilhelm II. mitteilte, man könne Morde nur mit Blut sühnen. Er traf damit genau den Punkt, an dem Wilhelm II. empfänglich war: Die Nibelungentreue. Es war seine feste Überzeugung, daß die Nichtachtung ihrer beiden Völker durch Serben und Kroaten geahndet werden müsse. Das kam natürlich auch einigen Kriegstreibern zugute, und so ließ man bewußt in Deutschland und in Österreich die Chance, da friedlich herauszukommen, verstreichen und ahnte nicht die Folgen dieses Krieges, die in diesem Ausmaße kein Mensch voraussehen konnte.

Am 1. August 1914 begann also der Krieg, von dem man in Österreich hohnlächelnd sagte, er würde ein kleiner »Spaziergang« werden. Das Deutsche Reich hatte zuerst Rußland und dann Frankreich den Krieg erklärt, und am 4. August veranlaßte schließlich der Einmarsch in Belgien die Engländer, den Deutschen ihrerseits den Krieg zu erklären.

Mein Vater wurde im Herbst 1914 eingezogen. Seine beiden Brüder hatten sich freiwillig gemeldet, obwohl Harry einen Knacks an der Lunge hatte. Ich erwähne das nur, weil es einmal mehr verdeutlicht, wie sehr man davon ausging, daß sich der Erste Weltkrieg maximal auf ein halbes Jahr beschränken lassen würde. Und jeder wollte dabei sein!

Julius kam zunächst in die Garnisonsstadt Jüterbog, 50 Kilometer von Berlin.

Das Städtchen ist berühmt durch sein Tor, auf dem eine Keule liegt. Und immer, wenn Grete und ich durchgingen, um Julius zu besuchen, sagte sie mir den Spruch, der darüber stand: »Wer seinen Kindern gibt das Brot, und leidet im Alter selber Not, den schlag mit dieser Keule tot.« Ich weiß den Satz noch heute, und das ist auch das einzige, was ich aus dieser Zeit noch weiß. Weder an meinen Vater in Uniform, noch an meine Mutter, die immer weinte, wenn wir zurück mußten, habe ich genaue Erinnerungen, nur an den Satz.

Ausgelöscht ist bei mir auch Genaueres um ein Datum im Frühjahr 1915, als alle weinten, denn mein Vater mußte »ins Feld«. Aber Grete tröstete ihn mit einer Riesenüberraschung: Er werde bald Urlaub bekommen, spätestens im Herbst, wenn sein Sohn zur Welt käme.

Beide waren sich völlig einig, wenn wieder ein Kind, dann ein Sohn.

Eines Tages, wir waren wieder allein, sagte Grete: »Wir können ja nicht immer zu Hause sitzen und auf Jule und das Baby warten«, und sie ging mit mir in Märchenvorstellungen.

In der Frankfurter Allee gab es das berühmte Rose-Theater, ein richtiges gutes Volkstheater. Die spielten das ganze Jahr hindurch, jeden Sonnabendnachmittag gab es Märchen, und so habe ich alle Märchen, die überhaupt je auf einer Bühne gespielt wurden, gesehen. Bei dem ersten, es war »Schneewittchen und die sieben Zwerge«, saß ich mit Grete oben in der Loge. Als die Zwerge auftraten und auch noch anfingen zu tanzen, bin ich auf den Logenrand geklettert – so schnell, daß sie mich gar nicht halten konnte –, und habe geschrien: »Mitmachen, mitmachen!«

Gott sei Dank hat ein Herr rechtzeitig zugegriffen und das zappelnde Bündel vor dem Sturz ins Parkett bewahrt.

Von dem Moment an war kein Halten mehr bei mir.

Ich spielte zu Hause jede Rolle nach, mal die böse Stiefmutter, mal Schneewittchen, mal tanzte ich die Zwerge in Grund und Boden. Jeden Besuch, der zu uns kam, löcherte ich mit der Frage: »Darf ich mal Schneewittchen vortanzen oder lieber den jüngsten Zwerg?«

Ich war langsam ein Alptraum geworden. Wir wurden schon nicht mehr eingeladen, keiner mochte uns mehr besuchen, denn ich

31

duldete kein Gespräch, immer kam meine Frage: »Darf ich endlich vortanzen?«

Onkel Paul hatte als einziger erfaßt, was richtig war – »Inge gehört zum Theater«.

Und so brachte er mich eines Tages in eine Ballettschule am Straußberger Platz. Ich war ganze vier Jahre alt. Das Schönste waren die Ballettschuhe der Großen. Ich durfte sie manchmal anziehen. Später, viel zu früh, bekam ich meine ersten eigenen Ballettschuhe. Von da ab habe ich von früh bis spät geübt: Hoch, runter, hoch, runter, Hacke, Spitze, eins, zwei, drei.

Man behauptete, ich hätte von daher meinen schönen Spann bekommen. Um 1900 herum flogen Männer auf sowas, es gab sogar Spannfetischisten, die Frauen nur ihrer Füße willen liebten. Das ging soweit, man kennt das aus Operetten, daß die Männer aus den Schuhen der Damen Sekt tranken, weil sie beim Ausziehen des Schuhes den Spann sahen, der Rocksaum wurde etwas gelupft, die Dessous kamen zum Vorschein. Das waren damals die Rüschen der Beinhosen, die am Knöchel saßen. Aber die Träume der Herren konnten sich ja weiter nach oben bewegen, während sie den Spann bewunderten. Tja, das war noch Anbetung.

Als bei Grete Anfang November 1915 die ersten Wehen einsetzten, brachten Opa Hansen und ich sie in die Klinik. Sie vertraute mir ihr Spargeld an und sagte: »Hör mir mal gut zu. Du bist doch ein erwachsenes Mädel. Wenn mir und deinem Brüderchen was passiert, dann läßt du uns ein schönes Begräbnis ausrichten, mit vielen Blumen.«

Später erzählte Grete, ich hätte gesagt:

»Gut Grete!« – Und dann, nach einem Moment des Nachdenkens: »Erzähl Opa davon nichts, der hat doch genug Geld für eure Beerdigung. Ich heb' das Geld lieber auf für Jule und für mich.«

Als sie das später meinem Vater erzählte, sagte er nur: »Siehst du, ich wußte ja immer, auf Inge ist Verlaß.«

Am 3. November wurde mein Bruder – es war also wirklich ein Junge! – geboren. Mein Vater bekam keinen Urlaub. Und langsam, aber sicher merkte man, daß dieser Krieg doch kein Spaziergang war.

Mein Bruder Harry

Ja, das kann er sein

An einem Abend im Frühjahr 1916, es war gerade Badetag (ein Grausen für mich), auf dem Gasherd stand das heiße Wasser, der Kleine war schon fertig gebadet und gewickelt worden, jetzt sollte ich drankommen, klingelte es. Selig über die Unterbrechung rannte ich zur Tür.

Vor mir stand »der schwarze Mann«, ich schrie wie am Spieß. Ich weiß nicht, ob heute noch jemand weiß, was es damals bedeutete, »der schwarze Mann«. Das war die allgemeine Strafandrohung: »Wenn du was Schlechtes tust, kommt der schwarze Mann.«

Der stand nun vor mir, verdreckt, einen schwarzen Bart übers ganze Gesicht.

Ich hatte doch noch gar nicht gesagt, daß ich nicht gebadet werden wollte!

Ich schrie.

Grete kam gerannt, sah den Mann, und alles war eins.

Ich saß am Boden und schrie weiter, der schwarze Mann küßte meine Grete.

Sie sagte nur: »Komm schnell, schnell, der Junge ...«, und ich saß heulend am Boden, keiner kümmerte sich um mich.

Nach einer langen Weile kam meine Mutter und sah mich Häufchen Unglück: »Aber Inge, dein Jule ist nach Hause gekommen.«

Mit mir war nichts zu machen, ich schrie: »Ich will nicht, ich will nicht, ich will nicht.«

Und ich habe ihr nie verziehen, daß ich in dieser Nacht nicht wie sonst in ihrem großen Bett schlafen durfte. Sie brachte mich aufs Sofa, deckte mich zu – und ich weinte mich in den Schlaf.

Am nächsten Morgen wachte ich auf, Grete stand vor dem Sofa, nahm mich hoch: »So, und jetzt siehst du deinen Jule. Und wenn du wieder weinst, rede ich kein Wort mehr mit dir.«

Sie trug mich in die Küche, und dort saß wirklich Jule, ein rasierter Mann in einem Schlafanzug. Neben ihm auf dem Küchentisch lag Harry. Ich ging zu meinem Stuhl, sah ihn lange an und dachte, »ja, das kann er sein«.

Erst während des Frühstücks stand ich langsam auf, ging zu ihm, er setzte mich auf seinen Schoß und sagte: »Na, sind wir wieder Jule und Inge?«

So haben wir uns wieder vertragen, der schwarze Mann vom Vorabend und ich.

In seinen Urlaub fiel Ostern, und das weiß ich genau, weil ich eingeschult wurde. Zwar war ich noch nicht sechs Jahre alt, aber durch Regina Meysel hatte ich schon ein wenig Schreiben, Lesen und Rechnen gelernt. Ich wurde also eingeschult und – welch ein Stolz – mit meinem Vater an der Hand!

Wir waren inzwischen in die Cadinerstraße gezogen, ich kam in die Gemeindeschule, Litauer Straße, wie das damals die ersten vier Jahre Vorschrift war. Im Volksmund hieß sie Klipp-Pantinen-Schule. Die Schule steht heute noch, vor ein paar Jahren habe ich sie besucht, der Backsteinbau in der Litauer Straße ist unversehrt.

Julius Meysel, obere Reihe, 3. v. l.

1916, mitten im Krieg, war ich die einzige, die von einem Vater gebracht wurde. Und ich war auch die einzige, die nach einer halben Stunde sagte: »So, ich muß mal raus.«

Die Lehrerin sagte: »Es gibt eine Pause, dann darfst du.«

»Nein, Jule hat gesagt, wenn ich muß, muß ich, einhalten soll ich nicht, das ist ungesund.«

Sie antwortete: »Dein Jule hat hier gar nichts zu sagen, hier bin ich Jule.«

Von da ab konnte ich sie nicht mehr leiden: »Das sagen Sie ihm, wenn er mich jetzt abholt. Ich kriege nämlich eine ganz große Tüte.«

Jule stand wirklich mit der größten Tüte von allen unten. Sie ging sofort zu ihm, sie redeten miteinander, und auf dem Nachhauseweg sagte Jule: »Du, die ist ganz nett. Aber wenn du mußt, gehst du trotzdem raus.«

Mein ganzes Leben hat mich nie jemand mehr daran gehindert, rauszugehen, wenn es sein mußte.

Was Jule mir beibrachte, behielt ich fürs Leben.

Ein paar Wochen später war Jule wieder weg, Grete, Harry und ich waren wieder allein.

Im Juli 1916 begann die Schlacht an der Somme, am Ende wurde mein Vater verwundet. Ohne Narkose in einem Feldlazarett wurde ihm der Arm abgenommen. Man hatte zunächst versucht, den Oberarm zu halten, aber die Gasphlegmone fraß weiter.

Ich sage ja immer, es gibt eine Bestimmung, und so makaber es an dieser Stelle klingen mag, der amputierte Arm hat ihn viel später vermutlich vor der Gaskammer gerettet.

In der Heimat wurde es schlimm, der berühmte Kohlrübenwinter 1917/18 ging wohl an niemandem spurlos vorüber. Alles war aus Kohlrüben, Kartoffeln und Brot waren eine Delikatesse. Die Frauen waren in der Heimat eigentlich genauso an der Front, wie ihre Männer im Krieg es waren. Sie kämpften um das Leben ihrer Kinder, die Soldaten kämpften um das Leben von Frau und Kindern. Es war totaler Krieg. Wir hatten insofern Glück, als die dänische Regierung ihren Landsleuten alle vier Wochen ein Paket mit Lebensmitteln zukommen ließ. Darin waren Butter, Milchpulver, Mehl, Haferflocken.

Onkel Harry hatte 1917 einen Lungenschuß bekommen, lag fest zu Hause in der Grünberger Straße. Seine Frau Anni war inzwischen in der Hutabteilung Direktrice bei *Tietz* in der Leipziger Straße.

Zu meinem großen Glück wurde ich in ihrer Abteilung Hutmodell. Und meine Bezahlung bestand statt Geld aus einem Hut.

Oma Meysel gab zu dieser Zeit ihre Wohnung auf und zog zu ihnen in die Grünberger Straße, denn Onkel Harry brauchte den ganzen Tag Pflege.

Alles dort war anders, doch das Schlafzimmer von Oma Meysel mit dem Himmelbett war dasselbe. Ich saß an Onkel Harrys Bett, alle zwei Stunden wurde ich hinausgeschickt.

Ich erfuhr erst später, daß ich nicht mitkriegen sollte, wie er Blut spuckte.

Der Krieg, der so optimistisch mit »Siegreich wollen wir Frankreich schlagen« begann, ging verloren. Das Fazit dieses Weltkriegs waren über acht Millionen Tote und zwanzig Millionen Verwundete.

Ich selbst habe davon nicht viel gemerkt, ein achtjähriges Kind kann die Dimensionen des Leids noch nicht ermessen. Natürlich sah ich verweinte Mitschülerinnen, die ihren Vater verloren hatten, ich sah auch verwundete Männer in den Straßen. Aber das alles erreichte mich nicht wirklich.

Mein Vater kam erst Anfang 1919 zurück, drei Monate nach Kriegsende. Solange hatte man ihn von Lazarett zu Lazarett geschickt.

Die beiden jungen Menschen, die sich 1914 nach nur vierjährigem Liebestaumel damals so zwangsweise trennen mußten, hatten es schwer, sich gegenseitig wieder zu finden. Man war ja vorher unbekümmert gewesen, jung, verliebt, ineinander vernarrt. Ob es wirklich Liebe war, vermag ich gar nicht zu beurteilen, und ob es möglich ist, in kurzen Fronturlauben Liebe zu lernen und nicht nur

Liebe zu machen, das möchte ich etwas bezweifeln. Aber jetzt mußten sie lernen, die tägliche, die alltägliche Liebe zu leben.

Hinzu kam noch, daß mein Vater in den Augen der Umwelt eigentlich, wie man im Volksmund sagte, ein Krüppel war. Es fehlte ihm der rechte Arm. Mit leidenschaftlicher Umarmung wie früher war es vorbei, es war eine andere Art Liebe, die sie jetzt lernen mußten. Für eine junge Frau war das erst mal eine ungeheure Umstellung, er war nicht mehr der Liebhaber, der zupackte, sondern er war Mann und Kind zugleich, und zwar ein hilfsbedürftiges Kind. Sie mußte ihm helfen, seine linke Hand, seinen linken Arm zu waschen, er mußte rasiert werden, denn meine Mutter haßte Bärte. Sie mußte ihm die Schuhe schnüren, die Strumpfbänder für die Socken schließen. Und sie mußte es so geschickt und liebevoll anstellen, daß er nicht merkte, wie hilflos er war, wie sehr auf sie angewiesen.

In Nachkriegszeiten mußten sich nicht nur die Männer, sondern auch die Frauen neu orientieren.

Oma Meysel hatte ihre Blusenfabrik verkaufen müssen, sie brauchten das Geld für Onkel Harry. So konnte mein Vater nicht mehr bei ihr arbeiten, sondern mußte etwas total Neues anfangen. Ich kann es heute überhaupt nicht erklären, warum er sich die Zigarettenbranche aussuchte. Ich weiß nur, daß er 1920/21 zusammen mit einem Kompagnon versuchte, einen Zigarettengroßhandel aufzuziehen. Er hat sich langsam mit viel Arbeit und viel Glück zurechtgefunden. Wir haben jedenfalls nie Not gelitten. Wie Grete und Jule das geschafft haben, ist mir ein Rätsel.

Immer noch stolz auf die Republik

Mein Vater hatte noch immer weiter mit seiner Verwundung zu kämpfen, der Armstumpf gab keine Ruhe, und er mußte sich im neuen Beruf, im neuen »Job« würde man heute sagen, zurechtfinden. Die Geschäftsleute, seine Kunden, taumelten ja auch von einer Existenzkrise in die nächste, denn es begann die schleichende Inflation. Was sie heute an Geld einnahmen, mußten sie gleich für ihren Lebensunterhalt ausgeben. Was heute 10 Mark kostete, kostete morgen 100, Tage drauf 1000. Plötzlich gab es Zahlen wie 100000, dann das Wort Million, dann auf dem Höhepunkt der Inflation druckte der Staat Notgeld und irgendwann hörte man das Wort Milliarde und das Wort Billion. Keiner wußte mehr, was das überhaupt bedeutete. Das Geld hatte so viele Nullen, daß die Vorstellungskraft nicht mehr ausreichte.

Wenn abends das Geld ausgezahlt wurde, rannte man zum nächsten Kaufmann. Und dort konnte es einem passieren, daß nichts hergegeben wurde, weil die Kaufleute auch wußten, daß der Wert der Naturalien geradezu stündlich stieg. Es war eine grauenvolle Situation. Heute alles unvorstellbar, aber damals war das Alltag.

1923 löste die Rentenmark die Papiermark ab, 1924 wurde dann die einigermaßen stabile Reichsmark eingeführt. Bis dahin taumelte das Volk von Ruin zu Ruin. Und wer nichts zu tauschen hatte, gab sein gesamtes Hab und Gut, um zu überleben. Unser Land hatte große Mühe, sich von dem Reparationsdiktat des Versailler Vertrages einigermaßen zu erholen. Und es war fast wie später 1949 – auf dem schwarzen Markt blühten die Schiebergeschäfte. Auch hier zeigt sich, daß der Reichtum mancher auf dem Unglück vieler aufgebaut ist. Aber damals war diese Erfahrung noch neu.

Viele Menschen nahmen sich das Leben – vor Hunger, vor Scham, vor Verzweiflung. Wer heute reich war, war am Abend arm, und die Armen mußten betteln gehen. Und man darf nicht vergessen, daß manche Frau manchem Schieber zu Willen war, damit ihre Kinder zu essen hatten. 1945 erinnerten sich die Älteren an 1922/23 und bekamen eine Gänsehaut, eine Angstpsychose, aber zu dieser Zeit war das alles neu, nie dagewesen.

1925 gab es den ersten großen deutschen Film über diese Zeit mit Asta Nielsen, mit der jungen Greta Garbo (ihr erster Film in Deutschland) »Freudlose Gasse«, in dem Werner Krauß sich als Schlachter die Frauen gefügig macht, für ein Pfund Fleisch. Regie führte der bedeutende Regisseur Georg Pabst. In Rußland drehte der große Sergej M. Eisenstein den inzwischen zum Kultfilm avancierten »Panzerkreuzer Potemkin«. Und ein paar der großen Matrosenszenen in diesem Film erinnerten an den Matrosenaufstand in Kiel, der zum Untergang des deutschen Kaiserreiches führte.

Es folgte die Republik, 1918 von Scheidemann auf dem Balkon des Berliner Rathauses ausgerufen. Die neue Fahne war schwarz–rot–gold, Friedrich Ebert wurde erster Reichspräsident.

Der große Mann zu dieser Zeit war Hjalmar Schacht, 1918 Mitbegründer der Deutschen Demokratischen Partei, 1923 Reichswährungskommissar und dann Reichsbankpräsident. Das Parteienspektrum war vielfältig, es gab die Deutsche Volkspartei, die Deutschnationalen, die Zentrumspartei, die Sozialdemokraten, die Kommunistische Partei und und und ... – von extrem rechts bis extrem links. Und natürlich bekämpften sie sich. Nur die Inflation machte sie sozusagen alle gleich. Und die Schieber hatten alle die gleichen Gesichter, quer durch die Parteien: sie waren dick, fett, vollgefressen. Die Prostitution war weit verbreitet, für viele die einzige Chance, zu überleben.

Vielleicht sind es besonders die schlechten Zeiten, die es Schriftstellern und Malern ermöglicht, zu wirklich großer Kunst zu finden, die den Augenblick ihrer Entstehung überlebt. So malte der bedeutende Maler Zille seine Kinder nicht aus Phantasie, sondern sie sahen wirklich so aus mit ihren dünnen Ärmchen, den traurigen Augen, dem Ausdruck absoluter Hoffnungslosigkeit. Noch anklagender sind die Zeichnungen und Bilder der großen Künstlerin Käthe Kollwitz, die als Tochter eines Armenarztes mit dem Unrecht, das so vielen Menschen in dieser Zeit widerfuhr, gut vertraut war.

»Mutter, Fritze is janz naß!«
»Halt'n in de Sonne, det er trocknet!«
Heinrich Zille

Wir, unsere kleine Familie hatte Glück, wir haben persönlich keine Not gelitten und bekamen noch lange die dänischen Notpakete. Denn es gab ja fast gar keine Milch mehr, obwohl es in Berlin Kuhställe gab. In den Jahren 1918 bis 1923 holten wir aus dem Kuhstall Litauer Straße, Hinterhof, jeden Abend unsere Milch in einer Blechkanne. Aber die Kühe gaben immer weniger und weniger Milch, weil sie nicht mehr genug zu Fressen bekamen. Die Leute selbst kamen ja nicht mal mehr an Grünzeug ran.

Das alles war prägend für mich als jungen Menschen.

Mein Vater war im übrigen immer außer sich, wenn er hörte, daß ich wieder bei den Arbeitern war, bei Nachbarn, die er sich nicht als Umgang für seine Tochter erträumt hatte. Er zitierte oft Wilhelm Busch, allerdings immer mit leichter Bitterkeit: »So ist

Käthe Kollwitz: *Saatfrüchte sollen nicht vermahlen werden* (um 1935)

das. ›Ein jeder Jüngling hat nun mal 'n Hang für's Küchenpersonal.‹ Bei mir ist es eben meine Tochter.«

Er konnte mich gar nicht verstehen.

Er war Demokrat, aber im Grunde seines Herzens ein deutschnationaler Mann, der sehr stolz auf sein Land war.

Er hat sich ja auch zu Anfang des »Dritten Reiches« eigentlich nur entehrt gefühlt, denn wenn er ehrlich war, störten auch ihn verschiedene Dinge bei den Ostjuden um den Alexanderplatz herum, Grenadierstraße und Umgebung. Nein, es war ja nicht so, daß alle Juden sich liebten.

Er hat nie begriffen, daß man ihn als »nicht deutsch« diffamierte, und am schlimmsten war für ihn, als er 1936/37 sein EK, sein Eisernes Kreuz, zurückgeben mußte. Da erst sagte er: »Mit diesem Land möchte ich nichts mehr zu tun haben.«

Ein größerer Mann als er, der große Maler Max Liebermann, sagte damals einen gravierenderen Satz: »In diesem Land kann man nicht mehr so viel fressen, wie man kotzen muß.«

In meinem Elternhaus hätte ich das Bewußtsein für den Sozialismus und das Bewußtsein für die Ungerechtigkeiten dieser Welt nie erlangt. Wobei man den Leuten den Sozialimus sicherlich nicht eintrichtern kann, und sich manche leider auch ändern, wenn sie die Chance haben, nach oben zu kommen – und ach wie schnell –. Und zwar radikal. So sind Menschen nun mal.

Ich glaube, ich bin eine der wenigen Übriggebliebenen, die sich seit ihrer Jugend politisch nicht geändert haben: Immer noch stolz auf die Kieler Matrosen, die 1918 ihr Leben riskiert haben, indem sie die Waffen niederlegten, immer noch stolz auf die Republik, die dadurch entstehen konnte, so daß kein Mensch mehr wegen seiner Gesinnung eingesperrt werden durfte. Und übriggeblieben ist noch immer mein Haß auf Demagogen wie Goebbels, die in ihrer Infamie trotz besseren, eigenen Wissens ein irregeführtes Volk dazu kriegten, »Ja« zu schreien, als er ihnen suggerierte: »Wollt Ihr den totalen Krieg?« Um sie alle zu Mitschuldigen zu machen.

Aber merkwürdigerweise, wie immer in wirtschaftlich schlechten Zeiten, blühte die Kultur. Die Theater und Konzertsäle waren voll, in den Cafés redete man sich die Köpfe heiß, die Revuen hatten Hochkonjunktur.

In der Ballettschule war ich langsam die Freude des Ballettmeisters und von Onkel Paul. Wieviel er auch immer zu tun hatte, ich mußte nicht ein einziges Mal von der Ballettschule allein nach Haus gehen, immer holte er mich ab. Niemals meine Mutter. Und mein Vater hatte andere Sorgen.

Die Cadiner Straße hatte sich auch verändert, viele Väter, viele Söhne waren gefallen. Über uns bei Zucholds war ein kleiner Junge aus der Tschechei zu Besuch gekommen: Victor. Seine Eltern waren bei einem Unglück umgekommen. Er war fünf Jahre alt und so wurde er nun für ein paar Monate durch die Verwandtschaft gereicht, ein liebenswertes Kerlchen. Er hatte sich mit meinem Bruder angefreundet. Als Harry ihn eines Tages zum Essen mitbrachte, hat er meine Mutter verzückt angesehen: »Oh, ihr habt aber eine schöne Madka.«

Harry sagte: »Victor, das heißt Mamma bei uns.«

Aber er blieb in all den Monaten, die er da war, bei »Madka«.

Und so haben wir uns so an »Madka« gewöhnt, daß wir unsere Mutter bis zu ihrem Tod 1981 nie mehr anders genannt haben.

Mein Vater begann in der Branche langsam Fuß zu fassen, und sofort sorgte er dafür, daß ich in die »höhere Schule« kam. Das ging allerdings nicht ohne Schwierigkeiten, denn da ich in der neuen Schule nicht mitkam, kam es zum ersten wirklichen Krach zwischen Jule und mir. Er erklärte eines Tages: »Inge, Schluß mit dem Ballett, Schule ist wichtiger fürs Leben.«

Ich habe geweint, geschrien, getobt, ich habe, um ehrlich zu sein, sogar gesagt: »Ach wärest du doch nicht wiedergekommen.«

Viel später, als ich wirklich wundervolle Tänzerinnen gesehen habe – die Palucca, die Wigman, die Pawlowa –, mußte ich selbst einsehen: Für eine wirkliche Karriere hätte es nicht gereicht.

Aber damals habe ich heimlich Abend für Abend meine alten Ballettschuhe angezogen und immer noch meine Übungen gemacht: Hacke, Spitze, eins, zwei, drei.

Jule hatte allerdings recht, meine Leistungen in der Schule besserten sich. Als Ersatz habe ich dann etwas anderes gefunden,

Städtisches Margaretenlyceum, Berlin

Meine Schulklasse

ich bin in den Verein »Turnvater Jahn« eingetreten. Alle meine Spielkameraden waren in diesem Turnverein, und natürlich waren das fast alles Arbeiterkinder. Überhaupt trieb ich mich lieber bei denen zu Hause rum, da saß man in der Küche, kriegte 'ne Stulle auf die Hand und durfte wieder raus. Bei uns wurde im Eßzimmer gedeckt, und ich mußte mit Messer und Gabel essen.

So ist das im Leben, man möchte immer gern das haben, was man selbst nicht hat, und nur darauf kommt es an, nicht auf Qualität, nicht auf etwas Besseres, sondern nur auf etwas anderes.

Der Turnverein lief mehr so nebenbei, er lenkte in der Tat nicht so ab wie die Ballettschule.

Mein Vater wollte für seine Kinder eine andere Umgebung. Und so legte er Mark für Mark beiseite. Er wollte dorthin zurück, woher er kam, zum Status von früher, von Regina Meysel.

1920 starb Opa Hansen an Magenkrebs. Oma Hansen konnte nicht länger in der Wohnung Koppenstraße bleiben, mein Vater mietete für sie eine kleine Wohnung am Comeniusplatz, zehn Minuten von unserer entfernt. Anfangs wohnte Onkel Paul noch bei ihr, bis er ins erste Engagement ging.

Auch Onkel Harry starb, ich möchte sagen, er wurde endlich von seinem qualvollen Lungenleiden erlöst. Seine Frau Anni ging zurück zu ihrer Familie.

Nun war Regina Meysel allein in der großen 6-Zimmer-Wohnung in der Grünberger Straße. Da tat mein Vater etwas, das ich schon damals als großes Unrecht empfand. Oma Meysel mußte mit in die Zwei-Zimmer-Wohnung von Oma Hansen ziehen. Alle ihre Möbel wurden verkauft, nur ihr Schlafzimmer mit ihrem Himmelbett, ihr Vertiko, ihren Dante und die Lichter für die Toten – das konnte sie mitnehmen. Aber was auch geschah, mittwochmittags, nach der Schule, ging ich zu Oma Meysel, und blieb bis zum nächsten Morgen bei ihr. Ich aß bei ihr koscher – mal Graupen mit Hammelfleisch, mal Fisch in allen Variationen. Regina verbot mir, diesen oder jenen Teller zu nehmen, weil er »milchig« oder »fleischig« war, ich habe sie nie begriffen, aber ich fühlte, daß das irgendwie auch mit ihren Lichtern zusammenhing.

Diesen Tag in der Woche habe ich geliebt, im Gegensatz zu

Harry, der mit zum Essen kommen mußte, aber dann immer sofort nach Hause lief. Er sagte: »Inge, in der Wohnung riecht es nach alten Frauen.« Vielleicht hatte er sogar recht, ich weiß es nicht.

Oma Hansen dagegen war den ganzen Tag bei uns in der Cadiner Straße. Und wenn die Eltern ausgingen, spielte sie mit uns Sechsundsechzig. Wir durften bei ihr sogar schummeln. Oma Meysel hat so etwas nie mit mir gespielt, und ich hätte sie schon gar nicht beschummelt. Aber das eine paßte zu der einen Oma, das andere zu der anderen. Geliebt habe ich beide Omas, aber Regina Meysel war ein Teil von mir, und ich war ein Teil von ihr.

Ich war freireligiös erzogen worden, weil sich damals die beiden Familien nicht einigen konnten, wessen Religion denn das Kind haben sollte. Grete und Julius wollten es klugerweise mit beiden Eltern nicht verderben, nicht zuletzt, weil sie von beiden Seiten mit Geld sehr verwöhnt wurden. So beschlossen sie, das Kind solle später selbst entscheiden, welche Religion es haben wollte, aber gefeiert wurden bei uns nur christliche Feiertage, Ostern, Pfingsten – und Weihnachten.

Unsere Weihnachtsfeste mit dem schönsten und größten Baum, den man sich vorstellen kann, haben sich in Harrys und meiner Erinnerung unauslöschlich festgesetzt. Alle schmückten ihn zusammen, sangen dabei Weihnachtslieder, und am Heiligen Abend sagte ich 12 bis 14 Strophen lange Weihnachtsgedichte auf, und vor allem, ich durfte die Weihnachtsgeschichte aufsagen: »Es begab sich aber zu der Zeit, daß ein Gebot von dem Kaiser Augustus ausging ...« Ich kann sie heute noch auswendig, und noch heute, auch wenn ich ganz allein bin am Heiligen Abend, erzähle ich sie mir selbst.

Oma Meysel hat nie ein solches Weihnachtsfest mitgemacht, sie nahm es nicht zur Kenntnis. Es war für sie kein Jesus geboren worden, sie wartete noch auf ihren Heiland.

Am 23. Dezember 1923 hatten wir alle »Morgen Kinder wird's was geben« und andere Lieder gesungen, Oma Hansen machte sich auf den Nachhauseweg, Harry rief ihr noch nach: »Oma, wenn dein Geschenk morgen nicht groß genug ist, brauchst du dich gar nicht erst herzutrauen!«

Sie ging, wir sangen vergnügt weiter, nach einer Viertelstunde klingelte es, ein paar Männer brachten Oma Hansen, sie war an der Ecke Cadiner Straße, direkt vor der Lazaruskirche umgefallen. Man legte sie aufs Sofa, sie war tot. Wir lagen mit den Eltern im Schlafzimmer und weinten. Und Harry sagte plötzlich unter Schluchzen: »Wo kann Oma Hansen bloß die Weihnachtsgeschenke versteckt haben?«

Am nächsten Morgen, dem 24. Dezember, hatte Jule große Mühe, einen Bestattungsunternehmer zu finden, der Oma Hansen noch abholte. Und so komisch es auch klingen mag, wir haben an diesem Abend im selben Zimmer Weihnachten gefeiert – mit Gedichten, der Weihnachtsgeschichte, mit Geschenken. Alles verlief, als wenn nichts geschehen wäre. Erst am nächsten Morgen bin ich zu Oma Meysel gerannt, um ihr von dem Tod zu erzählen, man hatte völlig vergessen, sie zu benachrichtigen. Es war alles merkwürdig, aber es war genau so, wie ich es erzähle.

Ich schlief noch als Vierzehnjährige in der Cadiner Straße immer auf dem Sofa, wir hatten ja nur 2 Zimmer, und mein neunjähriger Bruder noch bei den Eltern im Schlafzimmer. Wenn ich heute daran denke, daß meine Mutter 33 und mein Vater 34 war, also zwei Menschen in der Blüte ihrer Sexualität, und das ertragen haben, so ist es mir unfaßbar.

Von jetzt ab ging alles sehr schnell, mein Vater wollte so schnell wie möglich umziehen. Harry war froh darüber, denn er war sitzengeblieben und wollte allzugern die Schule wechseln. Ich nicht, ich wollte unter keinen Umständen aus meinem Margarethen-Lyceum raus. Auch in meinem Turnverein wollte ich bleiben.

Aber im Frühsommer 1925 war es soweit. Wir hatten inzwischen ein Auto, einen Graham Page mit dunkelroten Lederpolstern. Da meinem Vater ja der rechte Arm fehlte, hatten wir einen Chauffeur, Herrn Weber. Bei jedem Ausflug, den wir mit ihm machten, hatten wir eine Panne, also tauften wir ihn »Panneweber«.

Es kam also eines Tages der Wagen und wir fuhren und fuhren: Alexanderplatz, Unter den Linden, Charlottenburger Chaussee, Knie, Bismarckstraße, den ganzen Kaiserdamm hoch; dann kamen

Meine Mitschülerinnen

wir zu einem Platz, mein Vater sagte: »Reichskanzler-Platz«. Ich
entdeckte eine U-Bahn. Wir fuhren dann noch um zwei Ecken,
Badenallee 1.

Mein Vater schloß die Parterrewohnung, eine große 4-Zimmer-
wohnung, auf. Ganz hinten war ein Badezimmer mit einer im
Fußboden eingelassenen Wanne. Sowas hatten wir noch nie gesehen. Eine schöne Küche, ein kleiner Raum dahinter: »Der ist fürs
Dienstmädchen.«

Wir dachten: »Nun ist Jule total verrückt.«

Meine Mutter fing an zu weinen, Onkel Paul, der mitgekommen
war, brummte ein anerkennendes »Na ja«, und die Hauswirtin, die
die ganze Zeit dabei stand, sagte: »Sehen Sie doch bitte mal hinaus,
ums Haus blüht der Jasmin, und wenn der so ins Zimmer kommt
…«, worauf Onkel Paul sagte: »Was, bei Ihnen kommt der
Jasmann hier in die Zimmer?«

Es war aber auch das einzige Gelächter an diesem Morgen.

Auf dem Rückweg erklärte ich, daß ich in meiner Schule bliebe.
Ich hätte eine U-Bahn-Station gesehen, an der Schule am Alexanderplatz gab es auch eine. Harry war froh, denn seine Schule war
gleich in der Reichsstraße.

Grete sagte: »Aber Jule, ich kenn' doch hier keinen Menschen.«

49

Darauf sagte er nur: »Wieso, du kennst mich, du kennst die Kinder, und die übrigen Leute wirst du schneller kennenlernen, als dir lieb ist.«

Zwei Monate später zogen wir ein. Jule hatte die Wohnung komplett eingerichtet, alles allein gekauft. Wir kamen in ein völlig fremdes Leben.

Mein Zimmer war hellgrün, und jetzt, nach all den Jahrzehnten, habe ich mein Schlafzimmer in genau demselben Grün streichen lassen, das damals mein Vater ausgewählt hatte: hellgrün mit weißer Stuck-Decke. Und auch die Couch war grün. Ich nannte sie sofort »meine grüne Wiese«. Sie war zwei mal zwei Meter – wunderbar. In Jules Herrenzimmer mit einem großen Bücherschrank standen riesige braune Daunenledersessel.

Als wir später, im »Dritten Reich«, die Wohnung aufgeben mußten, haben wir immer gesagt: »Unser Jule hat alles vorausgesehen, denn nur Göring mit seinem dicken Arsch kann diese Ledersessel ausfüllen.«

Das Eßzimmer hatte eine dunkelrote Tapete, eine weiße Decke und dunkelrote Samtportieren. Ich kränkte meinen Vater sehr, indem ich fragte: »Ist hier Maria Stuart enthauptet worden?«

Harry und ich nannten es jedenfalls das »Schafott der Maria Stuart«.

Erst als wir 1936 die Wohnung verlassen mußten, haben wir den illustren Geschmack unseres Vaters nicht nur verstanden, sondern ihm nachgeweint.

Ein Gutes hatte die Badenallee für mich: Weil ich jeden Tag fünfunddreißig Minuten mit der U-Bahn zum Alexanderplatz und zurück mußte, hatte ich Zeit für meine Schularbeiten. Harry dagegen blieb wieder sitzen und kam in eine sogenannte »Presse« am Kurfürstendamm, das waren Schulen, in denen nur sechs bis sieben Schüler von ebenso vielen Lehrern das Wissen »eingepreßt« kriegten. Eine irrsinnig teure Angelegenheit. Harrys Mitschüler war Curd Jürgens, der bei uns im Westend um die Ecke wohnte und mit dem ihn eine innige Freundschaft verband.

1926/27 eröffnete mein Vater dann die Monopolgesellschaft, Generalvertretung aller Zigarettenfirmen in Berlin. Er beschäftigte zwölf Vertreter. Jule war überall beliebt: bei seinen Leuten und bei seinen Kunden.

Sehr viel später hat diese Beliebtheit Früchte getragen. Während der schlimmen Jahre des »tausendjährigen Reiches« lagen oft Geschenke vor der Tür, Zigaretten, Zigarren. Sich zu diesen Geschenken zu bekennen, wagte nicht jeder, das war im »Dritten Reich« riskant, wenn man Juden versorgte, aber sie wollten ihm wenigstens zeigen: »Julius Meysel, wir denken an Dich.«

Und seien wir ehrlich, es gab auch viele, die von sich aus nicht zuviel Kontakt mit Juden haben wollten.

Sehr viel später wurde es ja erst schick, einen Hausjuden gehabt zu haben, es machte einen nachträglich so human. Allerdings leistete man sich später auch seinen Hausnazi, Motto: Also der war wirklich nicht so schlimm. Ja, so gleicht sich alles oft aus.

Ich wurde langsam ein junges Mädchen, das gern flirtete. Ich suchte mir die Jungen aus, die mich von der Schule nach Haus bringen durften – Mangel bestand nicht. Aber nur einen liebe ich wirklich, das war, als wir noch in der Cadiner Straße wohnten, Hans Müller, der Zahnarztsohn. Seine Eltern waren überzeugte Deutschnationale.

Hans und ich fuhren zusammen freihändig Rad, legten uns die Hände auf die Schultern, hatten eine Geheimschrift, wie das unter »Backfischen« zu der Zeit üblich war. Wir schrieben uns die glühendsten Liebesbriefe, alles in Punkt, Punkt, Komma, Strich. Sehr kompliziert. Wir hielten Händchen, vielleicht mal ein gehauchter Kuß auf Wange oder Stirn, mehr nicht. Kein Mensch hätte damals gewagt, einen Kuß auf den Mund zu geben! Oder gar einen Busen anzufassen, undenkbar.

Im Frühjahr 1924 bekamen wir in der Schule eine Direktorin, Frau Dr. Engelmann. Sie war Mitglied der Deutschen Demokratischen Partei, einem Vorläufer der heutigen FDP. Und sie war die erste Frau, die in Berlin solch eine Position einnahm. Sie stellte unsere Schule im wahrsten Sinne des Wortes auf den Kopf. Sie konnte, wie der Berliner sagt, »vor Kraft nicht lofen«. Aber es lohnte sich – sie hat eine wirklich moderne Schule daraus gemacht.

Als Friedrich Ebert am 28. Februar 1925 starb, waren einige höhere Schulen zur Trauerfeier in den Reichstag beordert worden. Frau Dr. Engelmann setzte durch, daß auch aus unserer Schule zwanzig bis dreißig Mädchen im großen Chor mitsingen durften. Das erste Lied war: »Ein feste Burg ist unser Gott.« Wir trugen Trauerflor.

Es war eine Feier, die allen zu Herzen ging. Fast alle Parteien waren sich ausnahmsweise einmal einig: »Wir haben einen großen Menschen verloren.« Ich ging allein nach Hause, noch beeindruckt von dem, was ich erlebt hatte. Ich war ja politisch interessiert, wie konnte es anders sein – im Osten unter Arbeiterkindern war ich groß geworden. Und ich hatte oft gehört, wie mein Vater sorgenvoll zu Hause fragte: »Was wird nach Ebert kommen?«

Auf dem Weg kam ich am Haus von Zahnarzt Dr. Müller vorbei. Aus dem Erkerfenster von Müllers hing eine schwarzweiß-rote Fahne, nicht auf Halbmast. Ich starrte hinauf, dachte: »Das darf nicht wahr sein.«

Ich konnte es nicht fassen. Am Nachmittag pfiff es, wie immer, unter unserem Fenster. Hans Müller winkte, wollte mich zum Radfahren abholen. In seinem Knopfloch trug er ein schwarzweiß-rotes Bändchen. Ich sah es: »Hans, bitte nimm das ab.«

»Was? Warum?«

»Hans, heute ist Eberts Trauerfeier gewesen, er war der erste Präsident unserer Republik. Also nimm es ab.«

»Kommt gar nicht in Frage.«

Darauf sagte ich: »Du, dann ist Schuß!«

Er sah mich an, sagte: »Wenn ich das nicht abnehme, dann ist Schuß? Gut, dann ist Schuß«, – eine Berliner Redewendung zu dieser Zeit.

Er radelte weg, ich ging nach oben. Danach habe ich ihn nie wieder angesehen, ich war noch nicht fünfzehn und er sechzehn. Es war wirklich aus und vorbei. Das war das Ende meiner ersten Liebe.

Aber die Geschichte hatte ein kleines Nachspiel. 45 Jahre später, 1970, rief mich mein Bruder aus Berlin an. Er hatte dort ein Zigarettengeschäft.

»Inge, stell dir vor, heute kam ein Mann zu mir in den Laden, der ging am Stock und zog ein Bein nach.«

»Ja und, deswegen rufst du mich an?«

»Warte doch mal, er sagte: ›Verzeihung, ich will nur wissen, sind Sie der Harry Meysel aus der Cadiner Straße?‹ Ich sagte: ›Ja.‹ – ›Erkennen Sie mich nicht?‹ – ›Nein.‹ Und dann, Inge halt dich fest, sagte er: ›Ich bin Hans Müller.‹ Mir fiel nur einer ein, und ich fragte: ›Doch nicht Inges erste Liebe?‹ – ›Doch, genau der, aber sie war auch meine erste Liebe. Was macht sie, ich sehe sie öfters im Fernsehen, wie geht's ihr?‹ Ich habe ihm deine Telefonnummer gegeben. Und stell dir vor, er hat gesagt: ›Nein, ich kann sie nicht anrufen, sie ist ja Schuß mit mir.‹«

Tja, das war Hans Müller.

Politisch ging es um die Nachfolge Eberts. Es gab zwei Kandidaten, der eine war der Zentrumsmann Wilhelm Marx, ein anständiger Intellektueller, aber überhaupt nicht populär, auch nicht bei seinen eigenen Leuten. Vergleichbar heute mit Hans-Jochen Vogel, auch ein anständiger, kluger Mensch, der bei der Masse leider nicht genug ankommt. Der andere war die Symbolfigur der Deutschen: Paul von Hindenburg, der große General des Ersten Weltkriegs. Hindenburg siegte wider Erwarten, aber nur knapp, und wurde bis 1934 zweiter Reichspräsident der Weimarer Republik. Er hat Hitler eingeführt, hat ihn zum Reichskanzler gekürt.

Aber zurück zu 1925 – zur Badenallee. Wir haben uns damals trotz aller Schwierigkeiten und Fremdheit sehr schnell eingelebt – Harry hatte es nicht weit zu seiner »Presse«, ich hatte meine U-Bahnfahrten, die mich wirklich zu einer Klasseschülerin werden ließen, Madka fand Freundinnen. Aber es kam noch eine wesentliche Neuerung dazu. Jule hatte uns einen wahren Schatz geschenkt: unser Mädchen Ottilie, genannt Otto. Sie wurde zum Dreh- und Angelpunkt unseres Lebens. Wann immer wir auch aus der Schule kamen – egal –, Otto machte das Essen warm, war immer für uns da, schimpfte nie.

Meine Mutter war selig, denn die Marktgänge wurden nun für sie zum Vergnügen. Mit einem Dienstmädchen an der Seite, das die zwei Körbe trug, um zum Markt zu gehen, einkaufen, bezahlen und die Waren in den Korb zu legen – das fand Madka wunderschön. Langsam aber sicher wurde Madka eine andere, sogar eine elegante Frau. Und plötzlich, beinahe über Nacht, auch eine Frau, die anfing sich zu bilden, las, was Jule ihr vorschlug, ja er hat wirklich eine »Traum«-Frau aus ihr gemacht.

Eines Tages entdeckte ich einen Aufruf an einem Café am Reichskanzlerplatz: Jungdemokraten tagen heute um 19 Uhr, Gäste willkommen. Ich ging hin und erlebte einen Kreis von jungen Menschen zwischen sechzehn und zwanzig Jahren. Sie kamen aus guten Häusern, wie man so sagte, waren gebildet, interessiert, erhitzten sich an Themen. Da war ich richtig. Es wurde über Theater diskutiert, über Filme, Tagespolitik, politische Strömungen, Parteien.

Ich wollte aufgenommen werden, was aber bedeutete, eine Rede halten zu müssen. Das war die Aufnahmebedingung. Das Thema konnte man sich aussuchen. Und vierzehn Tage später hielt ich meine erste Rede. Thema: Ein Plädoyer gegen die Todesstrafe. Begründung: Kein Mensch hat das Recht, einen Menschen zu töten, der neun Monate braucht, um im Mutterleib heranzuwachsen und dann in diese Welt hineingeboren wird. Einen Mörder muß man lebenslang einsperren, einen Verbrecher soll man einsperren, aber ich spreche jedem Staat das Recht ab, einen Menschen zu töten. 1926 war die Todesstrafe noch gesetzmäßig verankert, und ich hatte mit meiner Attacke gegen dieses Gesetz bei meinen neuen jungen Freunden großen Erfolg.

Das Thema beschäftigte mich allerdings schon länger. In meine Klasse ging Vera von Holtzendorf, die Tochter des Berliner Gefängnisdirektors. Sie erzählte häufig von den Gesprächen zu Hause – sie waren Deutschnationale –, und es erschreckte mich immer wieder, wie sehr sie sich mit der Machtposition ihres Vaters identifizierte.

Weg mit den Zöpfen –
Ich werde Schauspielerin auf Biegen und Brechen

Im Sommer fuhren wir in jenen Jahren immer für vier Wochen nach Swinemünde. Das war damals ein mondänes Ostseebad, in das »man« fuhr. Dort sah ich 1926 zum ersten Mal Willi Fritsch, Lilian Harvey und Jenny Jugo auf der Leinwand, die Neuentdeckungen der Ufa. Beide junge Frauen trugen Bubikopf, und ich hatte immer noch meine langen, rothaarigen Zöpfe, der Stolz von Jule und Madka. Aber allein das Kämmen und Flechten morgens machte

Das Hutmodell vom Kaufhaus *Tietz*

mich wahnsinnig. Nachdem ich nun diese beiden Filmdiven gesehen hatte, hatte ich nur noch einen Gedanken: Weg mit den Zöpfen. Und eines Tages fuhr ich zu einem damals berühmten Friseur am Bahnhof Zoo und habe nur gesagt: »Abschneiden, Bubikopf.« Man holte den Chef. Nein, diese Prachtzöpfe wollte keiner abschneiden. Er sah mich an: »Mein Kind, sei doch froh, daß du solch wundervolle Haare hast.«

Ich ließ mich nicht beirren: »Ich bin ein modernes Mädchen, die Zöpfe müssen runter.« So schnitt er sie ab, wusch und legte die Haare – und aus dem Salon ging ein völlig anderes Geschöpf.

Stolz fuhr ich nach Hause. Meine Mutter kriegte einen Schreikrampf, mein Vater sagte gar nichts. Er sah mich voller Verachtung an. Tagelang hat er nicht mit mir gesprochen. Jeden Morgen begrüßte ich ihn mit dem Satz: »Sieht deine Tochter nicht schick aus? Sieh mich doch mal an!«

Dann machte er die Augen zu: »Mach, daß du rauskommst!«

Nach ungefähr vierzehn Tagen hatten sich alle daran gewöhnt.

Aber alles wurde auf einmal unwichtig, wurde überschattet von dem plötzlichen Tod Oma Meysels. Wir, und ich muß wirklich sagen, »wir«, hatten uns alle schwere Vorwürfe zu machen. Vielleicht könnte man meinen, eine 17jährige Enkelin kann gar nicht schuldig sein – doch, ich war auf meine Art schuldiger als Sohn und Schwiegertochter. Ich war ihr Liebling, ich war mehr als das, ich war mit ihr wie mit einer Nabelschnur verbunden. – Und in dem Augenblick, in dem sie mich gebraucht hat, habe ich versagt.

Ich war damals mit allem Möglichen beschäftigt: Schule, Theatergehen, Jungdemokraten, und ich habe sie fast vergessen, vor allem unsere geliebten Mittwochnachmittage. Wie oft wird sie vergeblich gewartet, vergeblich gekocht haben. Ach, Oma, ich kann diese Stunden, dieses Hoffen und Warten nie wieder gutmachen, und das ist das Schlimmste bei solchen Versäumnissen.

Mein Vater besuchte seine Mutter ein- bis zweimal in der Woche, und eines Tages sagte er: »Oma schafft die Treppen nicht mehr. Außerdem ist es gefährlich für sie, allein in der Wohnung zu sein. Wir werden sie in ein gutes, jüdisches Altersheim geben.«

Am Strand in Swinemünde und vor meinem Elternhaus

Ich habe sie da besucht, sie wohnte in einem Zimmer mit zwei anderen Frauen. Wir haben uns ganz fest umarmt, wußten beide, was wir dachten, was wir fühlten. Nein, hier stand kein Himmelbett mit seidenen Vorhängen, die man zuziehen konnte. Hier gab es auch kein Vertiko mehr mit Dante und den Öllichtern. Es fehlte so vieles, es fehlte eigentlich schon fast sie selbst. Aber Jule sagte: »Es ist ein gutes Heim, jeder Wunsch wird ihr erfüllt.«

Jedes Mal, wenn ich sie besuchte (ich will ehrlich sein, es war nicht allzuoft), sagte ich im Hinausgehen: »Also bis Mittwoch«, und sie antwortete: »Ja, Inge, koschere Graupen mit Hammelfleisch.« Es ist mir noch heute im Ohr.

Und eines Tages war sie tot.

Nein, ein Licht habe ich nicht für sie auf meinem Nachttisch stehen, aber ihr Licht brennt noch immer in mir, noch heute.

In der Schule kam ich trotz unseres Umzugs in die Badenallee gut voran. Mein Leben aber änderte sich durch eine Neuerung, die die Engelmann einführte: »Dramatischer Unterricht«. Eigentlich war es Literaturunterricht, den ein ehemaliger Schauspieler, Albert Stephan, zweimal wöchentlich an der Schule gab. Teilnahme freiwillig. Er war dann auch die Ursache für meinen ersten Auftritt in der Schule. Wir gaben Gerhart Hauptmann »Die versunkene Glocke«. Ich spielte die Hauptrolle, Rautendelein. Ich hatte, wie man so sagt, großen Erfolg, und alle sagten: »Mensch, du mußt zum Theater.« Aber das wußte ich schon lange!

Ich wurde der Liebling von Albert Stephan. Mir gab er die schönsten Gedichte zum Aufsagen, sogar die Kleistsche Novelle »Michael Kohlhaas« durfte ich öffentlich vortragen – in der Aula, vor der ganzen Schule. Noch heute glaube ich, daß Frau Dr. Engelmann – neben Onkel Paul – der Anstoß für meinen Entschluß war: »Ich werde Schauspielerin auf Biegen und Brechen.«

Irgendwann erzählte ich ihr meinen Kummer: »Mein Vater will, daß ich Jura studiere.«

Sie versprach: »Ich bestelle mir deine Eltern.«

Die dachten zuerst, ich könnte durchs Einjährige fallen. Aber weit gefehlt. Frau Direktor Engelmann eröffnete ihnen etwas ganz anderes: »Wissen Sie, Herr Meysel, Ihr Mädel hat ein solches Temperament – ich glaube, in einem normalen Beruf würde Inge nicht zurechtkommen. Lassen Sie sie doch zum Theater gehen.«

Jule hat innerlich einen Lachkrampf gekriegt. Zu Madka sagte er später: »Die hat ja so getan, als ob nur Irre und Anormale zum Theater gehen.«

Beide, Jule und Madka, hielten das ganze Gespräch für ein abgekartetes Spiel von mir! Aber wie auch immer – ich blieb bei meinem Entschluß: Kein Abitur, kein Jurastudium. Ich gehe mit dem Einjährigen ab, dann bin ich immerhin schon siebzehn, ehe ich zur Schauspielschule komme; und mit achtzehn komme ich ins Engagement, alt genug, um gleich als ›komische Alte‹ anzufangen.

Nein, ich wollte auf keinen Fall länger warten.

Jule aber blieb hart: »Du studierst.«

Und da habe ich etwas getan, das beinahe eine Krise im Hause Meysel ausgelöst hätte: Ich habe mich ganz einfach, mit Jules nachgemachter Unterschrift, von der Schule abgemeldet. Als das rauskam, war es schon zu spät.

Mir war damals nicht klar und ist es heute eigentlich auch nicht, was mein Vater gegen meinen Berufswunsch hatte. Er und Madka waren ein Leben lang vernarrt ins Theater! Sie nahmen mich ja auch immer mit. So habe ich in jenen Jahren die Massary gesehen, die Dorsch und Eugen Klöpfer in »Schinderhannes«, Dorsch und Gründgens in »Lieselotte von der Pfalz«, die Mannheim, den Wiemann, Rudolf Forster in »Gustav Adolphs Page«.

Ich habe Grete Mosheim gesehen, Heinrich George, die wundervolle Lucie Höflich, Helene Thiemig, Kortner.

Mit der Schule gingen wir einmal im Monat ins Theater, da habe ich im Staatlichen Schauspielhaus »Wilhelm Tell« gesehen – auf Treppen, was ich grausig fand. Nie habe ich diese Inszenierung vergessen.

Wir waren eine richtige theatervernarrte Familie, mehr noch, wir waren eine literaturbegeisterte Familie. Schon in der Cadiner Straße hatte Jule uns zwei- bis dreimal in der Woche abends vorgelesen. Er hat meine Liebe zur Literatur geweckt.

Es war die Zeit zwischen 1923 und 1925, wir, mein Bruder und ich, lagen bei Madka im Bett und er saß am vorgerückten Nachttisch und las. Das Wunder geschah, wir wurden auf diese Leseabende geradezu süchtig.

Ich bat Madka, mit mir in eine Leihbibliothek zu gehen und holte mir dort alles, was einem Mädchen zwischen dreizehn und fünfzehn Jahren eigentlich noch nicht in die Hände fallen sollte. Natürlich las ich auch abends im Bett weiter, wenn man mir mit den Worten »Jetzt ist aber Schluß, du mußt morgen früh um halbsieben aufstehen« das Licht ausdrehte; selbstverständlich unter der Bettdecke mit einer Taschenlampe wie jedes Schmökerkind.

Und was ich las! Raabe »Der Hungerpastor«, Hamsun »Hunger« und einen heute ganz vergessenen Schriftsteller, Wied: »Die Väter haben Herlinge gegessen«. Und dann natürlich Thomas Mann. »Die Buddenbrooks«, die wir dann beinahe auswendig konnten, den »Tonio Kröger«. Zusammen mit der Novelle »Unordnung und frühes Leid« liegt das Buch noch heute auf meinem Schreibtisch.

Begeistert las ich Werfel »Die 40 Tage des Musa Dagh«, ein herrliches Buch, das zu Unrecht ganz vergessen ist wie der ganze wunderbare Werfel. Julepa las aber auch Feuchtwanger vor oder Gedichte von Mörike und Heine. »Sie saßen und tranken am Teetisch und sprachen von Liebe viel« – bei Sätzen wie diesen erhob meine Madka, wie oft auch bei Dauthendey, allerdings Einspruch: »Jule, ist das nicht zu früh für die Kinder?«, worauf mein Vater antwortete: »Grete, für die wundervollen Dinge ist es nie zu früh.«

Er war ein herrlicher Vater. Und für jedes Gedicht, das ich auswendig lernte, bekam ich damals die horrende Summe von 1 RM. Und ab fünfzehn las ich dann die »Klassiker«, nachdem ich in der Schule in Hauptmanns »Die versunkene Glocke« das Rautendelein spielen durfte. Ich las und lernte die Minna und natürlich auch gleich noch die Franziska aus »Minna von Barnhelm« von Lessing, ich schreckte vor nichts zurück: »Gretchen« aus dem Faust, die Maria Stuart, ich kann nur sagen: Was ist dem deutschen Theater da verloren gegangen...

Von daher war es also überhaupt nicht verwunderlich, daß ich zum Theater wollte – verwunderlich war eher die Ablehnung meines Vaters gegen diesen Wunsch. Heute denke ich, er hatte Angst, seine Tochter könnte Mittelmaß werden, so »unter ferner liefen ...« Nein, das wollte er nicht.

Ich verließ die Schule mit »sehr gut«, aber zu Hause redete man nicht mehr mit mir. Ich hatte sie zu sehr gekränkt.

Dann hörte ich eines Tages: Vorsprechen bei Jeßner im Staatstheater, Aufnahmeprüfung. Ich meldete mich an, raste zu Albert Stephan, studierte mit ihm die Franziska in »Minna von Barnhelm«, und gleich die Minna noch mit, die Luise in »Kabale und Liebe«. Und, um etwas Modernes zu haben, das damals vielgespielte Stück »Arm wie eine Kirchenmaus« von Fodor.

Eines Tages, am Ende des Unterrichts, passierte etwas Unvorstellbares. Stephan riß mich plötzlich an sich und gab mir – einen Zungenkuß. Der erste meines Lebens. Ich weiß nicht mehr viel, aber eins weiß ich: Ich habe ihm eine geknallt, und dann raus aus der Tür.

Stundenlang bin ich durch die Straßen gelaufen, habe gegrübelt. Keiner der anderen Jungs, die ich kannte, hatte jemals so etwas gewagt! Doch dieses Erlebnis hatte ein Gutes: Von da ab bin ich Männern vorsichtiger begegnet, denn trotz all meiner Poussagen – was ich so Poussagen nannte! – ich habe ihnen nicht mehr getraut. Ich denke, es ist mir nicht schlecht bekommen.

Dann kam das Vorsprechen, ungefähr vierzig Mädels und drei bis vier Jungens standen oder saßen in der Garderobe oder auf dem Gang. Man wurde einzeln aufgerufen. Natürlich redeten wir auch miteinander, wir waren ja alle sehr aufgeregt. Ein etwas reiferer Mann sprach mich an – was ich damals so als reif empfand. Er war 26, fertiger Architekt, wollte aber unbedingt zum Theater: Karl John. Später wurde er mir ein guter Weggenosse! Er wollte den Wetter vom Strahl vorsprechen und fragte, ob ich das Käthchen könne. »Nein, das möchte ich nicht. Habe ich nicht gearbeitet, tut mir leid.« Plötzlich wurde ich aufgerufen. Die Vorbühne war dunkel, nur das Inspizientenpult war beleuchtet. Eine Stimme rief: »Wo ist Fräulein Meysel?«

Der Inspizient bespuckte mich ganz schnell: »Toi, toi, toi«, ich drehte mich um: »Danke.« Beim Rausschubsen auf die Bühne sagte er leise: »Um Gottes Willen, nie danke sagen am Theater, bringt Unglück.«

Das begann ja gut. Auf der Bühne war ich so geblendet, daß ich gar nichts sah. Dafür hörte ich eine Stimme: »Nun kommen Sie doch mal nach vorn.«

Es war der Generalintendant Jeßner. Ich ging ein paar Schritte vor: »Mein Name ist Inge Meysel, ich möchte gern die Luise vorsprechen ...«

Weiter kam ich nicht. Von unten ertönte: »Ach, Du großer Gott.«

Ich ließ mich nicht beirren: »Kabale und Liebe!«

»Ja, das wissen wir. Was haben Sie noch?«

»Die Franziska aus ›Minna von Barnhelm‹.«

Da hörte ich jemanden sagen: »Kinder, das wird ja immer schlimmer.«

Ich verstand überhaupt nichts. »Was ist daran so schlimm? Ich kann auch die Minna.«

Darauf sagte die Stimme von unten: »Was haben Sie denn noch? Sie sind nämlich bereits die zwölfte Franziska und die siebzehnte Luise.«

»Ich habe noch ›Arm wie eine Kirchenmaus‹.«

Darauf sagte Jeßner wirklich und wahrhaftig: »Bitte was?«

Ich ging ganz nach vorn an die Rampe, alle guten Geister hatten mich verlassen: »›Arm wie eine Kirchenmaus‹, ein erfolgreiches Stück, in dem die Tellmann seit einem halben Jahr im Theater an der Behrenstraße brilliert. Haben Sie denn davon nichts gehört?«

Eine junge Stimme sagte nur: »So, Fräulein Meysel, nun fangen Sie mal an.«

Nach drei Sätzen unterbrach ich, sagte: »Entschuldigen Sie, ich bin so aufgeregt, kann nicht weinen, ich muß noch mal von vorn anfangen.«

Und dann weinte ich wirklich, ich fand mich sehr gut. Worauf jemand sagte: »Danke, Sie hören von uns.«

Mit einem Knicks ging ich ab, kam aber wieder zurück an die Rampe und fragte: »Können Sie mir sagen, wie lange die Antwort dauert? Ich bin so aufgeregt und möchte gern wissen, ob ich genommen werde.«

Darauf erklang es streng: »Sie bekommen Bescheid.«

Nun stolperte ich geradezu von der Bühne, verpaßte den richtigen Ausgang und fand mich im Foyer wieder. Eine Tür vom Zuschauerraum ging auf, und es kam eine Frau heraus, die ich mindestens zwanzig Mal gesehen hatte, und die ich unendlich verehrte. Sie trug einen strengen Herrenschnitt, hatte ein wunderschönes Gesicht: Lucie Höflich. Sie rief: »Komm mal her, hier ist eine Adresse, geh hin, sag, du kommst von Frau Höflich.«

Ich versank in den Boden. Draußen stand Karl John: »Na, wie war's bei dir?«

»Ich glaube, es ist alles schief gegangen. Von diesem schrecklichen Kerl, dem Jeßner, habe ich die Tell-Inszenierung gesehen. Und damit ist der auch durchgefallen, aber das hat der wohl vergessen.«

»Fandest du ihn so schlimm? Ich bin nämlich genommen, das weiß ich jetzt schon.«

»Kunststuck, Männer! Die werden wohl alle genommen.«

Lucie Höflich

63

Wir haben uns die Seele aus dem Leib gespielt

Kaiserdamm 100. Ein Dienstmädchen öffnete.

»Ich komme von Frau Höflich, hier die Karte!«

»Hinterhaus, zweite Treppe.«

Ich raste wieder runter, über den Hof, wieder rauf. Klingeln. Dasselbe Mädchen machte auf, ließ mich rein.

»Aber warum haben Sie mich denn nicht gleich vorn reingelassen?«

Antwort: »Das vorn ist die Wohnung von Frau Höflich und hier ist die Wohnung von Frau Grüning. Warten Sie, es ist noch Unterricht.« Ich wartete auf dem Korridor, einige Mädchen kamen aus einem Zimmer, Frau Grüning hinterher.

»So, dann also bis morgen früh um zehn.«

Ich sah Frau Grüning zum ersten Mal. Eine schöne Frau mit silbergrauen Haaren. Ein wenig fülliger, weiblicher als die Höflich. Die beiden waren damals ein sehr berühmtes Paar in Deutschland.

Lucie Höflich war in erster Ehe verheiratet mit einem Professor Meier, aus der Ehe stammt ihre Tochter Ursula, die einzige richtige Freundin meines Lebens. In zweiter Ehe mit Emil Jannings, allerdings nur einige Monate. Diese beiden Berserker – das konnte nicht gutgehen.

Man erzählte sich übrigens, wie die Trennung von Jannings sich abgespielt haben soll. Frau Höflich riß nach einem Krach mit Jannings die Tür auf und wollte ihrer 6jährigen Tochter sagen: »Komm, zieh dich an, wir gehen.«

Aber das Kind war bereits vollkommen angezogen, mit Hütchen auf dem Kopf und einem kleinen Koffer vor sich. Die Mutter stutzte: »Was ist denn mit dir los?«

»Ich warte schon seit Wochen darauf, Mama«, war die Antwort der Sechsjährigen.

So also endete diese berühmte Ehe.

Ich machte einen Knicks, sagte: »Frau Höflich schickt mich, ich soll Ihnen vorsprechen.«

»Na, komm rein.«

Ich sagte meine Franziska auf, weinte meine »Kirchenmaus«, weinte meine Luise. Als ich aufhörte, weinte auch die Grüning, aber ihr kamen die Tränen vor Lachen. Sie sah mich an: »Eines weiß ich, du bist die geborene Komikerin.«

Ich kann meine Gefühle gar nicht beschreiben. Voller Verachtung sah ich sie an, wollte nur nach Haus und niemanden mehr hören und sehen!

»Beruhige dich mal und erzähl mir von dir.«

»Mein Name ist Inge Meysel, ich wohne hier in der Nähe, ich möchte zum Theater, aber mein Vater will nicht, obgleich er ein Theaternarr ist. Er meint, das könne man nur, wenn man wirklich gut ist, aber er weiß doch gar nicht, ob ich nicht wirklich gut bin ...«

Sie unterbrach mich: »Wie heißt dein Vater?«

»Meysel.«

»Meysel? Meysel? ... warte mal.«

Ilka Grüning, die Deutschland als Jüdin 1934 verlassen mußte. Sie emigrierte über Ungarn nach Amerika

Sie verschwand, kam nach ein paar Minuten zurück. Hinter ihr das Dienstmädchen mit einer Schublade.

»Wanda, schütten Sie alles auf den Tisch.«

Und sie begann, in den Papieren zu suchen.

Was ich jetzt schreibe, ist wirklich wahr. Sie fand einen grünen Feldpostbrief: »Ist das die Schrift deines Vaters?«

Ich lachte: »Nein, das kann er nicht sein, er hat nur einen linken Arm.«

»Hatte er 1916 auch nur einen linken Arm?«

»Ja, 1916 hat er ja seinen rechten Arm an der Somme verloren.«

Darauf machte sie den Brief auf und sagte: »Dann grüß' deinen Vater von mir. Und sag' ihm, ich habe nicht viele Briefe aufgehoben, aber seinen ja. Und frage ihn, warum er nicht möchte, daß du zum Theater gehst. Diesen Brief hat er am Abend vor der Schlacht geschrieben. Er wollte mir danken für meine Darstellung der Mutter Aase in ›Peer Gynt‹. Sein größtes Erlebnis beim letzten Urlaub.«

Ich muß sagen, ich habe schon sehr geschluckt. Sie bestellte mich auf die kommende Woche, ich war bei ihr »angenommen« worden. Die Stunde kostete 20 Mark.

»Und was mache ich, wenn mein Vater das nicht zahlen will?«

»Sag ihm das mit dem Brief, dann wird er schon zahlen.«

Ich ging nach Haus, habe gewartet, bis alle am Abendbrottisch saßen und sagte dann ganz lässig: »Jule, ich soll dich von Ilka Grüning grüßen. Und ob du dich noch an den Brief erinnerst, den du 1916 noch mit der rechten Hand geschrieben hast.«

So fassungslos habe ich meinen Vater noch nie erlebt – es blieb ihm der Bissen im Halse stecken.

Ich erzählte meine Geschichte.

»Wieviel Stunden werden das pro Woche?«

Jule hatte sich gefangen.

»Drei bis vier«.

Das war der Anfang meiner Schauspielausbildung.

In meiner Klasse war Brigitte Horney, die Tochter jener berühmten Psychoanalytikerin in Berlin, die 1933 nach Amerika emigrierte, obwohl sie »Arierin« war. Für sie war das eine Charakterfrage. Außerdem war da Erna Sellmer, die später sehr viele Filme gemacht hat, meist als resoluter Hausdrachen. Rainer Litten, der Sohn des berühmten Professor Litten aus Königsberg, der mit seiner Frau während des »Dritten Reiches« beim »Feindsender« BBC arbeitete.

Die Ausbildungszeit gehört mit zu den schönsten Jahren meines Lebens. Alle kriegten jeden Tag im Beisein von allen Unterricht, und jeder durfte nach der Stunde sein Urteil abgeben. Wenn wir fertig waren, folgte Ilkas Kritik. Sie war eine strenge, aber gütige Lehrerin.

Zwei, drei Mal habe ich bei der Höflich Unterricht gehabt, erlebte bei ihr die auch noch blutjunge Marianne Hoppe, die bei Reinhardt engagiert war.

Nach zwei Jahren und drei Monaten hieß es: Vorsprechen fürs erste Engagement. Und da hatten wir ungeheures Glück: Eines Tages war Ilka Grüning zu Baby Goldschmidt-Rothschild gekom-

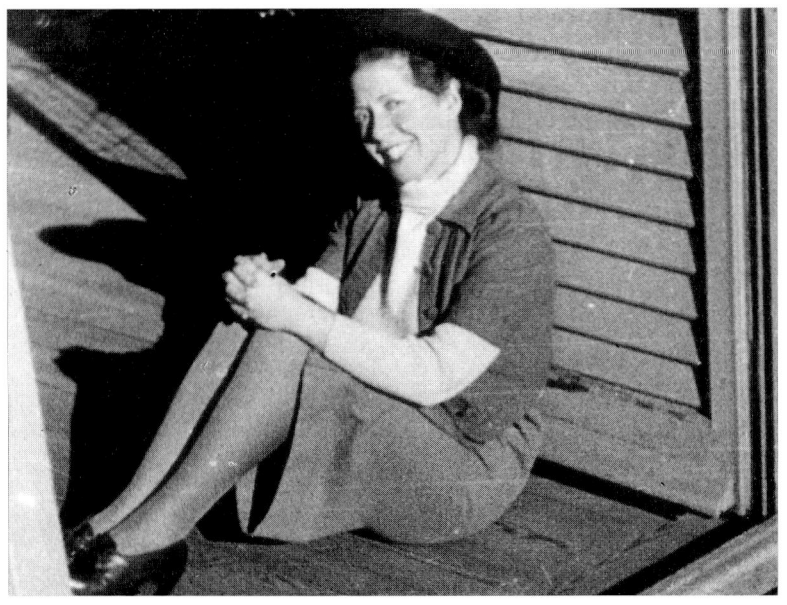

men, eine der reichsten Frauen Deutschlands. Sie war in den Dreißigern und wollte unbedingt zum Theater. Sie war sehr rassig, nicht schön, und nahm Stunden bei der Grüning. Eines Tages sagte sie: »Ich werde den Grotrian-Steinweg-Saal in Berlin mieten, werde ›Die geliebte Stimme‹ von Jean Cocteau spielen. Im zweiten Teil können dann Ihre Schülerinnen auftreten. Dazu wird die gesamte Presse kommen – wo ich bin, ist die Presse.«

Sie kam mit ihren Freunden immer in unsere Proben, was uns maßlos störte. Aber Ilka beschwichtigte uns: »Kinder, Ihr müßt still sein, ich könnte den Saal nicht für euch mieten, und ihr hättet nicht eine solche Bühne für euer Debüt.«

Plötzlich erklärte Baby Goldschmidt-Rothschild, daß sie nicht auftrete. Aber der Abend bleibe wie geplant. Mit dem Ergebnis, daß wir alle doppelt so lange auftreten konnten. Ich durfte die Anfangsszene der Cleopatra in Shaws »Caesar und Cleopatra« spielen, Caesar war Wasja Stegen, der noch bis in die achtziger Jahre am Staatstheater Braunschweig war. Außerdem gab ich die Maika in »Kopf oder Schrift«, einem Stück des bekannten französischen Boulevard-Schriftstellers Verneuil. Biggi Horney spielte die Rhodope in Hebbels »Gyges und sein Ring« und in »Krankheit der Jugend«. Die Sellmer spielte die Agavja aus »Heiratsantrag«.

Es kam aber auch wirklich alles an diesem Abend, die Kritikerelite Berlins: Alfred Kerr vom »Berliner Tagesblatt«, Eloesser von der »Vossischen Zeitung«, Salmony von der BZ, und so weiter. Ich glaube, vor so einem illustren Kreis habe ich nie wieder gespielt.

Es war ein Klassepublikum. Wir haben uns die Seele aus dem Leib gespielt. Am nächsten Tag holte mich Karl John von der Badenallee ab: »Ich habe die BZ und die Vossische bei mir, lies mal deine Kritiken.«

Ich habe viele gute Kritiken gehabt in meinem Leben, habe ein paar davon aufgehoben, aber diese waren umwerfend. Und wenn es noch so eitel wirkt, die beiden drucke ich ab.

Zum Größenwahn bestand jedoch kein Anlaß, denn die Agenten boten uns Engagements von Schwentochlowitz bis Kötschenbroder an.

Junge Schauspieler

Im Ilka-Grüning-Studio

Ilka Grünings Studio stellte sich im Grotrian-Stein-weg-Saal einer öffentlichen Prüfung. Die Aufgaben waren geschickt gewählt; sieben kurze Lektionen gingen von Verneuil, Shaw, Gogol bis zu Goethe und Shakespeare. Der Grüning-Schule ist wie früher zu bestätigen, daß ihre Zöglinge gesund aufwachsen, daß sie gerade gehalten werden, frei von Moden, Mätzchen, Manieren. Die Schüler spielen aus dem Menschlichen und aus der Situation heraus. Eine andere Anleitung gibt es nicht. Stil wird nicht verhängt, sondern erworben, wenn es dem einzelnen gelingt, seine Natur als ein Kunst Gewordenes wieder zurückzugewinnen. Haben wir unter den Namenlosen Entdeckungen gemacht? Mit jungen Menschen soll man vorsichtig sein; laßt der Saat ihr stilles Wachstum in der Erde! Als sichere Nummer sehe ich Inge Meysel an, pikanter Fratz und Gummi-, wenn nicht Zuckerpuppe, die auch sprechen kann. Sie wird gefallen, wenn sie sich selbst nicht zu sehr gefallen sollte. Mit jungen Männern wird der Kenner des Theaters (und der Menschen) doppelt vorsichtig sein müssen; sie entwickeln sich und finden ihr Eigentliches langsamer als die Frauen, die früher fertig sind und reiner aus der Empfindung, aus der Beredsamkeit des Geschlechts spielen dürfen. Unter diesem Vorbehalt: Rainer Litten scheint mir für die Schauspielerei Herz und Kopf zu haben.

Haben wir, ohne jeden Vorbehalt, eine richtige Entdeckung gemacht? Ja! Ich nenne Erna Sellmer. Stattliche Figur, heller Typ, eine reife Humoristin von zwanzig Jahren. In dem klaren Organ ein Silberton, der voll und mühelos anschlägt. Die Schulung der Grüning macht sich auf ihrem eigensten Gebiete der Charakterkomik sichtbar, zuweilen auch hörbar. Aber die Ruhe der reifen, klugen und warmen Ausgestaltung ist das frühe Eigentum der jungen Künstlerin. Ich denke, man wird von ihr hören.   A. E.

A. Eloesser in der Vossischen Zeitung

Die Schauspieler von Ilka Grüning beim Schminken im Grunewald.
V. l. n. r.: Inge Meysel, Gefion Helmke, Wasja Stegen, Rainer Litten,

Irene Meyer, Erna Sellmer, Brigitte Horney, Päuli Wagner
und Irene Udet

Ilka Grünings Studio
Schauspieler-Nachwuchs in der Bellevuestraße

Meisterin Grüning im Kreise ihrer Lehrlinge

Neue erste Kothurnschritte von Ilka Grünings Theatervolontären. Großes Publikum im kleinen Grotrian-Steinweg-Saal. Man gab schnellwechselnde Szenenausschnitte aus Stücken von Shakespeare, Shaw, Gogol, Verneuil usw. und in ihnen Probepackungen frisch destillierter Schauspielersubstanz. Vieles noch im Gären und Werden, manches noch unfertig schwankend und suchend, einiges schon zur persönlichen Form gegossen. So Inge Meysel, die auf das Fach der resoluten, kessen, stürmisch plappernden Weibchen zusteuert, Genre Lucie Englisch. Sie hat schon die Sicherheit, aber noch nicht den Schliff, das Temperament, aber noch nicht seine Beherrschung. Eine starke Begabung, knapp vorm Ziel.

Man findet in diesem Studio Schönheit, unverpanscht, die das legitime, sachlichkeitsmüde Theater sich kapern sollte: Vera Wagner, Brigitte Horney und Gesion Helmke, prachtvolle Typen jungen Weibtums. Eine derbe intelligente Komikerin: Erna Sellmer, die in Ilka Grünings eigenem Boden Wurzel schlägt.

In der Minderzahl die Männer: Rainer Litten, burschenhaft und tapsig, frisch und eckig, und Watsja Steegen aus der Sphäre der Komplizierten, und mit einem ernsten, klingenden Ton.

Das alles ist noch im Training, in der Arbeit, im Bau, aber mit Shaws Mrs. Clandon in der Szene aus „Man kann nie wissen" darf man sagen: „Ihr seid sehr begabte Kinder, alle miteinander".

S.

Onkel Paul sagte nur eines: »Du kannst hingehen, wohin du willst, es muß nur eine Harfe da sein. Eine Harfe bedeutet ein gutes Orchester, und ein gutes Orchester bedeutet, die Stadt hat Geld.«

Ich bin nicht dahin gegangen, wo es eine Harfe gab, ich bin nach Zwickau gegangen.

Eine kurze Begebenheit muß ich einfügen: Der Kölner Intendant Herbert Maisch wollte mich sofort engagieren. Ich fragte: »Was spiele ich?« Er drehte sich um: »Sagen Sie mal, mein Kind, sind Sie größenwahnsinnig? Sie sind Anfängerin. Wir werden sehen, was Sie spielen werden.«

Und da habe ich wirklich gesagt: »Zu Ihnen gehe ich ganz bestimmt nicht. Ich will Rollen haben. Mein Onkel hat gesagt, ich muß mich abspielen, damit ich gleich weiterkomme.«

Maisch hat mich nicht engagiert. Dann sprach ich dem Intendanten von Zwickau, Poppe, und seinem Oberspielleiter, Schulze-Griesheim, vor. Ein junger, besessener Kerl, der mir gut gefiel. Man gab mir einen Fachvertrag: jugendliche Naive – das bedeutete: Rollenzusage! Ich schloß sofort ab.

Karl John übrigens hatte einen Vertrag am Deutschen Theater, den er aber auf ein Jahr später verlegte, weil man ihm in Bunzlau den Macky Messer und den Wetter vom Strahl versprochen hatte. Biggi Horney kriegte Würzburg, im zweiten Jahr ging sie dann auch ans Deutsche Theater. Rainer Litten kam mit mir nach Zwickau, Wasja ging schon damals nach Braunschweig und Erna Sellmer ging nach Augsburg. Alle als Anfänger.

Zu Hause wurde alles vorbereitet, Jule machte sich lustig über Zwickau, und selbst Onkel Paul sagte: »Zwickau ist im Bühnen-Almanach die letzte Stadt, das ist wahr. In Theaterkreisen sagt man: Am Arsch der Welt.«

War mir alles egal – ich hatte einen »Fachvertrag«.

Nächste Doppelseite:
Portraitaufnahmen zum Vorsprechen beim Theater von Berlins berühmtesten Photographen, Harlyp. Inge Meysel, 19jährig: »Ich hatte mich zuerst gewehrt, meine Bluse auszuziehen, aber Harlyp bestand darauf. Meine Bedingung: Mein nackter Busen darf nicht zu sehen sein«

Ich fahre in mein erstes Engagement, und zwar allein

August 1930. Mein erstes Engagement: Ein Passus des Vertrages besagte, daß Jule wegen der Bühnengarderobe tief in die Tasche greifen mußte. Zur Ausstattung gehörten zwei Tageskleider, ein Kostüm, zwei Abendkleider, ein Sommer-, ein Wintermantel, Schuhe für den Tag und den Abend. Bei einer Monatsgage von 120 Mark, wovon nur 96 ausbezahlt wurden. Jeder Schauspieler würde sich heute kranklachen, wenn ein Intendant es wagen würde, ihm einen solchen Vertrag anzubieten.

Die Fahrt begann mit einem Machtkampf zu Haus.

»Was, du willst allein nach Zwickau fahren? Kommt gar nicht in Frage«, sagte Madka.

Jule versuchte es auf eine andere Weise: »Mädel, sieh mal, du hast doch noch gar keine Wohnung.«

Ich mußte lachen. Wohnung? Mit 120 Mark Gage eine Wohnung? Und natürlich empörte es mich, daß sie mich wie ein kleines Kind behandelten.

»Beginnt bei euch denn die Volljährigkeit mit amtlichem Stempel oder mit dem eigenen Verstand? Ich fahre in mein erstes Engagement, und zwar allein.«

Ich fuhr, aber hätte ich die Schwere meiner beiden Koffer und meines Elektrola-Grammophons vorher bedacht, hätte ich nicht so eine große Lippe riskiert.

In Zwickau angekommen, gab ich die Ungetüme erst mal am Bahnhof ab – und dann sofort ins Theater. Direkt davor stand ein Schumann-Denkmal, der Meister mit aufgestützter Hand. Später erfuhr ich, daß der Volksmund ihm den Satz »Großer Gott! Ist das ein Theater« in den Mund gelegt hatte. Mir aber gefiel alles, vor allem der alte Bau, der ein ehemaliger Marstall war.

Im Büro war man sehr erstaunt, mich zu sehen. Das Ensemble, auch die Neuen, wurden erst am nächsten Tag erwartet, am 1. September zum Theaterbeginn.

Mir war das völlig egal, ich war begierig, daß es endlich losging!

Die Bühnengarderobe für mein erstes Engagement

Ich glaube, die haben mich für verrückt gehalten, aber da die Proben schon drei Tage später beginnen sollten, gaben sie mir wenigstens das Textbuch mit. Wunderbar, ich hatte zwar keine Ahnung, wo ich die Nacht schlafen sollte, aber eine Rolle. Ich war selig. Und wie das manchmal so ist, im Glück hat man Glück, am Abend hatte ich ein himmelblau gestrichenes Zimmer in der Lothar-Streit-Straße 1. Vor dem Fenster stand ein Apfelbaum, dafür war das Klo auf halber Treppe. Miete 60 Mark, also hatte ich, sage und schreibe, 36 Mark zum Leben. Mir war das ganz wurscht, blieb ich wenigstens schlank. Unter den Klängen Richard Taubers »Dein ist mein ganzes Herz« begann ich sofort zu lernen: »Die Sache, die sich Liebe nennt.«

Der erste Probentag kam, ich hatte die Rolle drauf. Alle lasen ihre Rolle natürlich noch, nur ich nicht, ich konnte sie vor- und rückwärts auswendig. Einer lachte über mich – Joseph Ziegler. Dort lernte ich ihn kennen, den »unverbesserlichen« Joseph Offenbach, wie er sich später nannte, weil im nächsten Engagement in Mannheim schon zwei Zieglers da waren. Er und seine Frau Ria waren damals mein Halt in Zwickau und für viele Jahre meine Freunde.

Das erste Stück war eine Wiederaufnahme, »Charleys Tante«.

Rainer Litten und ich waren eines der beiden albernen Liebespaare, und ich habe noch eine Erinnerung an diese Vorstellung. Wir beide rannten Hand in Hand zum Schlußapplaus auf die Bühne, er Verbeugung, ich Knicks, einige riefen »Bravo«. Beim Abrennen drückte ich seine Hand, überglücklich und flüsterte: »Rainer, hast du gehört, sie haben ›Bravo‹ gerufen.«

Er antwortete ganz kurz: »Ja, aber in Zwickau.«

So rosig, wie es anfing, ging es nicht weiter. Bald hatte ich meinen ersten richtigen Krach. Und natürlich nicht mit irgendwem, nein, ich hatte Krach mit dem »Herrgott« des Ensembles, dem ersten, schon etwas reiferen Bonvivant und Helden Eugen Brabender.

Ich weiß nicht mehr genau, was es war, aber irgend etwas paßte ihm nicht an meinem Spiel. »Kinder, eine so große Rolle gibt man nicht einer Anfängerin, sondern einer erfahrenen Schauspielerin.«

Das Stadttheater Zwickau

1930 *Das neugierige Sternlein.* Stadttheater Zwickau

Eine Seite aus dem Programmheft *Eine Sache, die sich Liebe nennt*

Werbeumzug für einen Theaterabend:
»Inge Meysel auf zweihöckrigem Wüstenschiff«

80

Ich sah ihn freundlich an: »Ach, Herr Brabender, finden Sie nicht auch, daß es besser ist, Anfänger in Zwickau zu sein als Aufhörer?«

Totenstille. Die Probe war für diesen Tag beendet.

Ein Nachspiel hatte das Ganze natürlich auch. Er ging zum Intendanten, forderte meine Umbesetzung, hatte aber Pech, es gab keinen Ersatz für mich. So groß war das Ensemble in Zwickau nun auch wieder nicht.

Mein großes Glück war die Erstaufführung »Die Quadratur des Kreises« von Katajew. Die Kritik dieser Aufführung gehört zu denen, die ich abdrucke. Ich war so stolz darauf, weil der Kritiker gleichzeitig Chefredakteur des Sächsischen Volksblattes, einer berühmten Zeitung in ganz Deutschland, war: Walther Victor. Übrigens wurde er nach Rückkehr aus der Emigration eine Art Kulturpabst der DDR.

> *»Aber da ist ein quicker Berliner Wonneproppen, Inge Meysel, und ich sage mit erigiertem Zeigefinger: Den Namen wird man sich merken müssen. Noch ein bißchen ungezügelt, das Kleine. Aber oho! Ein frisches Spieltemperament, ein Sprühteufelchen, eine richtige Spielerin. Aus der kann was werden, und gestern war sie reizend.«*
>
> Zwickau, den 5. Dezember 1930

Zwickau war eine harte, aber auch eine ganz normale Schule dieser Zeit. Als Anfängerin wie auch als »Star« hatte man alle 14 Tage eine Premiere, zwölf Probentage, mehr gab es nicht. Ob das unbedingt zum Schaden der Inszenierungen war, wage ich bei manchen Regieleistungen jener und dieser Tage zu bezweifeln. Außerdem kam alle 14 Tage eine Operette heraus, in der ich selbstverständlich als Anfängerin spielen mußte, denn: wer sollte sonst dem Herrn Tenor das Glas Sekt bringen, damit er elegant sein erstes Lied schmettern konnte? Und wer sollte denn im 3. Akt den kleinsten aller Kellner spielen, der vom Oberkellner alle zwei Minuten die Servietten um die Ohren gehauen kriegt? Natürlich war ein Knoten in der Serviette, damit das Publikum was zu lachen hatte. Das aber störte mich weit weniger als die Tatsache, daß mein praller Busen weggebunden werden mußte, damit ich in den engen Smoking paßte. Diesen verfluchten Smoking mußten seit Jahren alle Piccolos anziehen. Was heißt anziehen, sich reinquetschen! Langsam haßte ich jede Operette, denn es gibt keine, in der nicht im dritten Akt eine Bar oder eine Hotelhalle vorkommt. Und wenn ich heute mal irgendwo eine Operette sehe wie »Zirkusprinzessin«, »Dollarprinzessin«, »Der Vetter aus Dingsda«, tut mir noch immer mein Busen weh, so einen nachhaltigen Eindruck hat Zwickau auf mich gemacht.

Es gab ein Ereignis in meinem Leben, das untrennbar mit Zwickau verbunden ist. Eines Tages nämlich las ich, groß angekündigt, »Palastkeller, 20 Uhr Hanussen, der berühmte Hellseher«. Ich mußte hin, aber ich hatte Abendprobe. Also habe ich um halb acht geschwindelt: »Darf ich nach Hause? Mir ist schlecht, ich bekomme meine Tage.«

Ich wußte, dieses war das einzige Argument, das Schauspielerinnen immer entschuldigt.

Um Punkt 20 Uhr trat er auf. Ich war fasziniert, ein untersetzter Typ mit einem markanten Kopf, tadellos gekleidet. Seine Ansage machte er ungeheuer souverän, kein bißchen anbiedernd. Nein, ein Quacksalber war er wirklich nicht, selbst seine Scherze hatten Niveau. Er ging durch die Reihen, sah sich die Leute an. Bei einem Mann blieb er stehen, fühlte seinen Puls: »Seien Sie vorsichtig, Sie sind krank, gehen Sie zum Arzt, es ist wichtig.«

Eine Frau in mittleren Jahren lachte er an: »Na, immer noch Liebeskummer?«

Sie starrte ihn fassungslos an, stotterte irgend etwas, fing an zu weinen. Im Weitergehen sagte er: »Warum weinen? Seien Sie glücklich, in Ihrem Alter noch solche Empfindungen zu haben, sich noch so jung zu fühlen.«

Er kam in meine Reihe: »Darf ich mal?«

Er zeigte auf mein Rollenbuch, las den Titel und – nur ich kann beschwören, daß er das Rollenbuch nicht geöffnet hat – sagte: »Da liegt ein Telegramm drin, der junge Mann gibt Ihnen keinen guten Rat, lassen Sie die Finger davon.«

Ich glaube, ich habe ihn angesehen wie den vorigen Schnee. Im Buch lag nämlich tatsächlich ein Telegramm von Karl John aus Bunzlau. »Sofort kommen, machen die Dreigroschenoper, du die Jenny, ich Macky Messer. Johnny.«

Hanussen bat drei Personen auf die Bühne, zu mir sagte er: »Sie kommen mit.«

Er schob mir einen Stuhl hin, und da saß ich nun wie bestellt und nicht abgeholt.

Er bot wirklich Beeindruckendes, seine Vorführung war absolute Klasse. Ein wenig unheimlich wurde mir allerdings, als er einen der drei auf der Bühne hypnotisierte, der dann alles tat, was ihm suggeriert wurde. Faszinierend. Dann war die Vorstellung zu Ende, Applaus, Vorhang. Ich saß noch immer auf der Bühne. Er

Hanussen hypnotisiert die belgische Schönheitskönigin Grace Cameron

drehte sich zu mir um: »So, das war's. Ich ziehe mich jetzt um, dann gehen wir essen.«

Ich wußte genau, auf was ich mich einließ, aber Angst? Nein, schließlich war ich ein Berliner Mädel und bei mir hatten sich schon einige die Zähne ausgebissen.

Während des Essens fragte er unvermittelt: »Um Himmelswillen, warum bist du denn in Zwickau? Gab es kein anderes Engagement?«

Ich lachte ihn an: »Warum geben Sie eine Vorstellung in Zwickau, gibt es keine Großstädte mehr?«

Wir hatten einen lustigen Abend. Nach dem obligaten Glas Sekt sagte er: »Wollen wir gehen?«

Es war mir völlig klar, was diese Aufforderung bedeutete, und ich sagte: »Großer Hellseher, Sie müßten doch wissen, daß ich noch Jungfrau bin. Und ich möchte es auch eigentlich noch eine Weile bleiben.«

Er kriegte einen Lachkrampf: »Eine Jungfrau in Zwickau, und das mir!«

Ich hatte ihm während des Essens erzählt, daß ich in den Monaten Juni, Juli, August in Kolberg an der Ostsee spielen würde, und so verabschiedete er mich unter aufregenden Küssen vor meiner Haustür mit den hellseherischen Worten: »Vielleicht also dann eine Jungfrau in Kolberg.«

Nein, bis Kolberg habe ich es nicht mehr geschafft – mein Oberspielleiter hat meinem Jungfrauendasein ein Ende bereitet. Immerhin war ich schon 20 Jahre alt – und einmal mußte es ja sein.

Das Glück mit ihm hielt nicht lange, woran mein Vater seinen Anteil hatte. Die Spielzeit in Zwickau klang aus mit »Minna von Barnhelm« in der Inszenierung des Intendanten Wolfgang Poppe. Alle ersten Kräfte des Hauses wurden aufgeboten, ich spielte die Franziska, das Frauenzimmerchen.

Zur Premiere hatte mein Intendant meine Eltern eingeladen, sie hatten auch lange genug gewartet, ihre Tochter zu begutachten.

Ich hatte alles vorbereitet, Kaffeetisch gedeckt, Blumen hingestellt, Josef-Schmidt-Platte aufgelegt. Stolz wie ein Spanier präsentierte ich mein Zimmer, und wie zufällig kam auch noch mein

Oberspielleiter vorbei. Wir lachten, zugegeben, etwas verkrampft, aber ich fand, es lief alles sehr gut. Plötzlich sagte Jule, völlig unvermittelt und aus heiterem Himmel: »Weißt du, Mädel, es ist egal, ob es in Zwickau oder sonstwo passiert, der erste Mann im Leben einer Frau ist immer nur der Büchsenöffner.«

Von da an weiß ich nichts mehr.

Mein Oberspielleiter ging, meine Eltern verabschiedeten sich, um sich umzuziehen, ich mußte ins Theater. Die Vorstellung lief gut, manche behaupteten, ich sei besonders locker und heiter gewesen. Auf der Premierenfeier suchte ich meinen Oberspielleiter vergeblich.

Am nächsten Morgen fuhren meine Eltern wieder ab, und ich war erst mal fertig mit ihnen. Auf Briefe, die von zu Haus kamen, reagierte ich nicht. Aber Jules Worte hatten Langzeitwirkung: mein »Verhältnis« endete mit dieser Saison.

Während der drei Sommermonate spielten wir im Ostseebad Kolberg. Madka hatte zwei Zimmer im besten Hotel gemietet, Jule kam jedes Wochenende. Es war eine schöne, unbeschwerte Zeit, in der der Himmel mir Blumen streute. Selbst Lucie Höflich und ihre Tochter Ursula kamen einmal in meine Vorstellung, das ganze Theater stand kopf: Lucie Höflich! Und zwei Menschen waren besonders stolz auf mich: Jule und mein Intendant, Wolfgang Poppe. Wie konnte es auch anders sein, er hatte sich inzwischen in mich verliebt. Ich nahm alles wie selbstverständlich hin und genoß in vollen Zügen.

Eines Tages kam Harry an den Strand gerannt, ganz aufgeregt erzählte er: »Kinder, im Hafen ist eine Jacht eingelaufen, eine Jacht – ich kann euch sagen, toll, die müßt ihr euch ansehen.«

Ich wußte sofort: Hanussen ist da.

Am Abend stand er nach der Vorstellung vor dem Theater, blaue Kapitänsuniform, und sah mich spöttisch an: »Na, Jungfrau, gehen wir essen oder willst du dir gleich meine Jacht ansehen.«

Nun war's an mir, Farbe zu bekennen: »Großer Hellseher, irgendwie lassen bei mir ihre Kräfte nach. Es hat sich ausgejungfert, das kann selbst in Zwickau passieren.«

Hanussen lachte Tränen: »Schade, ich hätte dich für gescheiter gehalten. In Sachsen soll man so was Aufregendes nicht verlieren.«

Dann nahm er mich noch mal in die Arme, küßte mich – und ging. Weder Essen noch Jacht.

Heute kann ich es mir ja ruhig eingestehen, daß es mit ihm sicher interessanter gewesen wäre als mit dem Oberspielleiter. Schade, Inge, wirklich schade.

1933 wurde Hanussen persona non grata bei den neuen Machthabern. Zuvor hatte er sich noch in den »Dienst der Nazis gestellt«, sagte allen Parteigrößen ihre Zukunft voraus.

Als es für meinen Vater immer gefährlicher wurde, habe ich Hanussen in Berlin einmal angerufen, er hielt Hof im Hotel Kaiserhof und beruhigte mich: »Jungfrau, bleib ganz ruhig. Wenn etwas Ernsthaftes bei euch passieren sollte, ruf mich sofort an. Vergiß nicht, Stichwort Jungfrau, damit du mich auch erreichst!«

Nein, das Stichwort habe ich nicht vergessen, aber ich hab's auch nicht mehr gebraucht. Eines Tages, im März 1933, hat ihn die SA abgeholt und in einem Berliner Gehölz erschossen. Sie hatten rausgekriegt, daß Hanussen holländischer Jude war. Armer Hellseher!

Fast das ganze Ensemble hatte die nächste Spielzeit noch einmal in Zwickau abgeschlossen. Ich hatte für die übernächste Saison Angebote nach Chemnitz und Leipzig, hatte also gar keine Zukunftsangst. Um so schlimmer traf uns die Nachricht, daß die Stadt Zwickau pleite sei und das Theater ab sofort geschlossen werde. Das Argument: Höhere Gewalt, fristlose Kündigung statthaft. So etwas gab es 1931. Im Klartext, ein Jahr stempeln gehen, denn die anderen Theater hatten ja längst engagiert. Das war das Ende meines ersten Engagements.

Kolberg, das Vergnügen am Strand. Mit dem Tenor Willy Scherdeck (links) und Hans Bartsch

Ich badete im Glück

Anstatt nun froh zu sein, wieder nach Berlin zu kommen, litt ich vorerst; ich war jetzt 21 Jahre, wollte Karriere machen und nicht in Berlin rumsitzen. Da traf ich Biggi Horney. Sie war aus ihrem ersten Engagement in Würzburg gekommen, hatte im Deutschen Theater vorgesprochen und war engagiert worden. Ich rannte sofort hin, bekam aber natürlich einen Dämpfer: »Aber meine Liebe, wo kämen wir hin, wenn wir im September das Ensemble noch nicht beisammen hätten!«

Jetzt muß ich ganz ehrlich sein – ich wollte zu Haus nicht wieder einziehen, also nahm ich den Antrag meines Intendanten Wolfgang Poppe an und zog mit ihm zusammen. Es war nicht die große Liebe, aber auch keine kalte Berechnung. Sagen wir mal, es war so ein Mischmasch zwischen Zuneigung zu ihm und Opposition gegen die Eltern. Er war ein sensibler, liebenswerter Mensch, was mir meinen Schritt erleichterte. Nur zum Heiraten sagte ich: »Nein, das muß nicht sein.« Wir verstanden uns gut, redeten über Theater und sahen uns alles an, was in Berlin damals gespielt wurde.

Eines Tages ein Anruf vom Berliner Agenten Wahle: Sofort bei der *Terra* melden, damals die zweitgrößte Filmgesellschaft. Sie hatten eine Rolle in Paris. Ich war von Sinnen vor Glück. Die weibliche Hauptrolle spielte Dolly Haas, und damit war für mich alles klar. Dolly Haas hatte bei Ilka Grüning einige Stunden genommen, ich hatte die Stichworte gegeben. Sie hatte Karriere gemacht, ein paar entzückende Filme gedreht. Sie hatte mich empfohlen.

Meine Familie tat so, als wollte ich zu den Menschenfressern. Nach Paris! Ihre Tochter! Und allein! Ich war glücklich, und so blieb ich nicht fünf Wochen, wie es geplant war, sondern über drei Monate. Der Regisseur Fedor Ozep und seine Frau nahmen mich wie ihre eigene Tochter auf. Inmitten der russischen Emigranten Pudowkin, Kowal-Samborski, Anna Steen fühlte ich mich geborgen. Alle rieten mir, in Paris zu bleiben, aus ihrem politischen

Instinkt heraus sagten sie: »In Berlin wird bald der Teufel los sein, da kannst du nicht mehr hin.«

So richtig es für mich gewesen wäre, es ging nicht. Ich erkundigte mich in Paris, ich ging sogar zur deutschen Botschaft – mein Vater bekam keine Einreisegenehmigung, er war 80 Prozent Kriegsinvalide und ohne Vermögen.

Es war Frühjahr 1932, und man sage nicht so leicht daher, daß die Juden ja Deutschland hätten verlassen können. Das war Bürgern ohne großes Vermögen gar nicht möglich, denn wie sollte man sich und seine Familie ohne Arbeitserlaubnis in einem fremden Land mit fremder Sprache durchbringen?

Im April 1932 kam ich nach Berlin zurück, es war ein Hexenkessel. Die Arbeitslosigkeit hatte rapide zugenommen, Massenkundgebungen und Straßenschlachten waren an der Tagesordnung. In den drei Monaten hatte sich die Lage dramatisch zugespitzt. Auch für Schauspieler war Arbeitslosigkeit normal. Die Theater gingen schlecht, man versuchte, »auf Teilung« zu spielen, damit wenigstens das Nötigste da war. Aber das funktionierte auch nur, wenn ein populärer Name als ›Zugpferd‹ auf dem Plakat stand, und die unbekannten, kleinen Schauspieler mit durchbrachte.

Ich hatte wieder einmal Glück, vielmehr mein Intendant. Er bekam nämlich die Regie in dem Stück »Fräulein Frau« am Renaissance-Theater. Dem deutschen Dichter Ludwig Fulda zu Ehren, mit dem Poppe befreundet war, gab es eine Festveranstaltung zu seinem 70. Geburtstag. Ich bekam die Titelrolle, Partner war Hans Adalbert v. Schlettow, der Jahre zuvor der Hagen Tronje in der berühmten Nibelungenverfilmung war, immer noch sehr populär. Außerdem Hans Zesch-Ballot, der bekannte Berliner Bonvivant.

Erst drei Jahre am Theater und schon die Hauptrolle! In Berlin! An so einem Haus! Ich hatte nicht nur Glück, nein, ich reüssierte sogar.

Die sonst nicht gerade zimperliche Kritik Berlins lobte mich, und das war in diesem Fall besonders wichtig. Bis dahin nämlich hatten die Kollegen gedacht: »Ist ja kein Wunder, das Liebchen vom Regisseur.«

Mit dem Dichter Ludwig Fulda und Mary Claus-Albers bei einer Probe zu *Fräulein Frau*

1932 Mit Mary Claus-Albers und Hans Adalbert von Schlettow in *Fräulein Frau* von Ludwig Fulda. Renaissance Theater Berlin

1932 Mit Hans Zesch- Ballot in *Fräulein Frau* von Ludwig Fulda.

1932 Mit Gerhart Ritter und Rainer Litten (v. l. n. r.) in *Rauhnacht*
von Richard Billinger. Leipziger Schauspielhaus

1933 Mit Reinhold Balqué in *Frühlingsfee*. Leipziger Schauspielhaus

Nein, diese Kritiken drucke ich nicht ab, aber sie waren erstaunlich gut. Ich hatte noch nicht Fuß gefaßt in Berlin – aber mein kleiner Zeh war schon auf dem Pflaster.

Es begann nicht die erträumte Berliner Karriere, sondern es entwickelte sich alles ganz anders, als ich gedacht hatte.

Nach einer Vorstellung kam ein Direktor Berthold vom Leipziger Schauspielhaus in die Garderobe und bot mir ein Jahresengagement an. Er wollte mit diesem Stück »Fräulein Frau« beginnen, allerdings schon in drei Wochen. Was tun? Mein Berliner Vertrag lief noch einige Zeit, aber ich hatte Glück, die Direktion hatte Verständnis und besetzte mich für die restlichen zwanzig Vorstellungen um. Der Weg nach Leipzig war frei. Nicht nur, daß mich eine sehr gute Gage erwartete, ich konnte mich auch bei Poppe revanchieren. Ich bat nämlich, denselben Regisseur zu nehmen, denn für die Proben blieben ganze vierzehn Tage, und dann könnte ich doch alle Berliner Stellungen übernehmen. Er war einverstanden: »Warum nicht? Die Vorstellung ist entzückend.«

Es fiel mir schwer, von Berlin wegzugehen, meine Eltern und vor allem Jule in dieser Zeit zu verlassen, aber mein Egoismus siegte. Was sollte ich auch machen, helfen konnte ich ohnehin nicht.

Das Leipziger Engagement wurde für mich die schönste Zeit meines Lebens – trotz aller politischen Schwierigkeiten, die auf uns, auf mich zukamen. Ich badete im Glück. Was ich auch spielte, »Fräulein Frau«, »Tiefstapler«, »Diktatur der Frauen«, und vor allem »Rauhnacht« von Billinger – alles waren Erfolge. Aber was waren auch für tolle Menschen da: Direktor Otto Werther, der wunderbare Shakespeare-Aufführungen brachte, die große Hermine Körner, der entzückende Hans Hessling, Straube, Gerhard Ritter. Und der Mann, mit dem ich die nächsten dreizehn Jahre leben sollte: Helmut Rudolph, der Bonivant.

Es war eine sehr schöne, sehr kollegiale Atmosphäre im Theater, keiner versuchte, den andern an die Wand zu spielen. – Eines abends, während einer ganz normalen Vorstellung, küßten

Helmut Rudolph
»Tausend Jahre« hielt die Liebe

Rudolph und ich uns so wie schon x-Abende zuvor. Doch es war eben nicht wie vorher, es war irgendein Funke da, ein Gefühl, etwas Unfaßbares. Irgend etwas war geschehen, wir spürten es beide. Und es war uns auch beiden klar, daß das gefährlich war – er war gebunden, ich war gebunden. Der Akt war zu Ende, ich sagte im Abgehen: »Entschuldigen Sie, Rudolph, ich ...«

»Schon gut, ich auch.«

Nach der Pause spielten wir weiter, ohne uns anzusehen. In der nächsten Vorstellung wurden wir von uns gegenseitig überrannt. Wir nahmen keine Rücksicht mehr, küßten uns hemmungslos. Wir spielten, als wären wir allein auf der Welt. Als das Stück zu Ende war, sagte er: »Nun müssen wir es wohl unseren Partnern sagen.« Ein paar Tage später bin ich mit Sack und Pack zu ihm gezogen. Die Briefe an unseren jeweiligen Partner haben wir zusammen geschrieben. Wir haben uns entschuldigt, aber gleichzeitig auch klargemacht, daß an unserer Entscheidung nichts mehr zu ändern sei.

Wäre das Schicksal Hell und mir gnädig gewesen, wären wir zwei bis drei Jahre in Leipzig geblieben, dann nach München oder Hamburg gegangen und dann nach Berlin, dem Ziel aller deutschen Schauspieler. Aber die Politik ließ eine normale Entwicklung nicht mehr zu. Straßenschlachten und Tote auch hier in Leipzig wie in allen anderen Städten. Das sprichwörtliche rote Sachsen kämpfte mit besonders harten Bandagen. Es braute sich alles um uns herum zusammen, aber wir haben es nicht ernst genommen. Dieser Vorwurf geht an uns alle. Wir haben gesehen, aber nicht begriffen, oder besser gesagt, spät begriffen. Noch richtiger ausgedrückt: Zu spät begriffen ...

Da gibt es keinen Arierparagraphen,
und Inge hat wieder freie Bahn

Am 30. Januar 1933 flüsterte jemand während der Vorstellung: »Du, in Berlin marschiert die SA zur Reichskanzlei, Tausende von Berlinern haben sich angeschlossen. Sie wollen Hitler und Hindenburg mit einem Fackelzug ehren.«

In der Pause – alle hörten Radio – kam die Meldung, daß Hindenburg Adolf Hitler zum Reichskanzler ernannt hatte. Ich rief sofort in Berlin an: »Jule, verlier' jetzt bitte nicht den Kopf, das kann nicht lange dauern, es ist nur eine Frage der Zeit.«

Ich war fest davon überzeugt.

Am nächsten Morgen wurde der Schauspieler Walden von zwei SA-Männern aus unserer Probe herausgeholt. Er hatte nie einen Hehl daraus gemacht, daß er Kommunist war. Wir haben ihn nie wiedergesehen.

Mitte Februar ließ mich Otto Werther rufen: »Meysel, regen Sie sich nicht auf, ich muß Ihnen sagen, daß einige Kollegen nicht mehr mit Ihnen als »Halbjüdin« auf der Bühne stehen wollen. Aber kümmern Sie sich nicht drum, noch bin ich der Direktor und werde es auch bleiben. Sie spielen, solange Ihr Vertrag läuft, bis Ende der Spielzeit. Und ich habe noch einige besonders schöne Rollen für Sie.«

Soviel Charakter, Mut und Souveränität hatte ich nicht erwartet. Ich habe in meinem Leben nicht mehr sehr viele Menschen gefunden wie diesen wundervollen Direktor.

»Aber wer? Wer will mit mir nicht mehr spielen? Ich stehe doch mit allen gut, habe mit keinem Krach.«

Es war Gerhard Ritter, mein Partner aus »Rauhnacht«. Am 31. Januar hatte er sein Revers umgedreht und dort blitzte das goldene Parteiabzeichen. Es gab noch ein paar andere, das Ensemble war auf einmal gespalten.

Eines meiner letzten Stücke war Shakespeares »Komödie der Irrungen« in der Bearbeitung von Rothe, dem Sohn des Bürgermeisters von Leipzig. Wer von den beiden eigentlich der bedeutendere war, weiß ich nicht, aber ich hatte sie beide als Verehrer und Bewunderer. Und bei der Hexenjagd, die bald gegen mich einsetzte, hatte ich sie als großen Halt.

Zur Premiere »Komödie der Irrungen« kam Gustaf Gründgens aus Berlin. Nach der Vorstellung sagte er zu Werther: »Grüßen Sie die drei Komiker von mir. Ich würde das Stück umbenennen in ›Emmelina und ihre Kumpane‹.«

Es ist ein Wunder, daß wir drei – Hans Hessling, Bernhard Wildenhain und ich – nicht vor Größenwahn gewachsen sind. Nötig hätten wir es alle drei gehabt, keiner war größer als 1,58.

In Berlin tat sich Schreckliches. Es begann die große Verhaftungswelle der Politiker und Intellektuellen. Bücher wurden auf den Index gesetzt, es kam 1933 zur großen, öffentlichen Bücherverbrennung. Autoren wie Stefan Zweig, Thomas Mann, Erich Maria Remarque, Ernst Glaeser, Lion Feuchtwanger, Walter Mehring, Ludwig Renn, Emil Ludwig, Carl Zuckmayer, Heinrich Mann, Arnold Zweig, Kurt Tucholsky, und und und. Alles ein Raub der Flammen. Die schwarz-rot-goldene Fahne wurde von der Hakenkreuzfahne abgelöst.

Am 27. Februar brannte der Berliner Reichstag. Man verhaftete einen kranken, kleinen, harmlosen Holländer, dem man das Attentat in die Schuhe schieben wollte: van der Lubbe. Mit ihm noch den KPD-Abgeordneten Torgler und einen Bulgaren namens Georgi Dimitroff. An dem sollten sich die Nazis die Zähne ausbeißen. Der Prozeß wurde die große Niederlage der Nationalsozialisten. Dimitroff hatte ein hieb- und stichfestes Alibi, gegen das weder Richter noch Staatsanwalt, noch Hermann Göring, der sich bei seiner Aussage ungeheuer blamierte, etwas sagen konnten. Mitte Dezember endete dieser Prozeß mit einem Freispruch Dimitroffs und Torglers. Wider alle Rechtsprechung wurden sie noch Monate in Haft gehalten. Erst auf Druck des Auslandes ließ man sie frei. Lubbe wurde zum Tode verurteilt.

Ich spielte jeden Abend in Leipzig, aber meine halbe Gage ging für meine Telefongespräche nach Berlin drauf. Mein Hell gab mir viel Kraft, und wir spürten erst jetzt, wo wir in so großer Sorge waren, wie eng wir eigentlich miteinander verbunden waren. – An einem Abend war der Intendant des Danziger Staatstheaters, Donath, im Theater. Er machte Hell sofort ein Zweijahresangebot. Mir versprach er eine Gastrolle pro Spielzeit. Otto Werther riet zu: »Kinder, das ist die Chance für Euch. Länger als bis Anfang August kann ich die Meysel nicht halten. Danzig ist Freistaat, unter der Hoheit des Völkerbundes, da gibt es keinen Arierparagraphen, und Inge hat wieder freie Bahn.« Lieber Otto Werther, wo immer du jetzt seist, im Himmel oder in der Hölle – hab' Dank für deinen Rat.

Am 31. Juli 1933 fuhren wir nach Berlin, ein erstklassiges Engagement nach Danzig in der Tasche. Wir waren stolz wie die Spanier.

Aber die Lage in Berlin hatte sich drastisch zugespitzt, der Antisemitismus wurde immer greifbarer, auch bei uns. Von Jules Vertretern hatten zwei gekündigt, und die »Monopol« hatte die ersten Schwierigkeiten, denn bisher hatten zum Beispiel alle staatlichen Kantinen von ihm ihre Zigarren und Zigaretten bezogen. Eines Tages wurde er zu der offiziellen Stelle bestellt, die den Einkauf machten: »Meysel, es ist nicht persönlich gemeint, glauben Sie uns, aber es gibt ein paar, die dulden nicht, daß wir bei einem Juden unsere Ware einkaufen.«

Es kam noch schlimmer. Ein oder zwei Inhaber von großen Zigarettengeschäften tauchten bei ihm auf: »Meysel, seien Sie vernünftig, verkaufen Sie uns Ihre Gesellschaft. Jetzt zahlen wir noch gut, aber in drei bis vier Monaten übernehmen wir Ihr Geschäft für 'n Appel und 'n Ei.«

Mein Vater verstand nichts. Er war doch Deutscher, war Kriegsteilnehmer mit Auszeichnung, 80 Prozent Invalide! Ihm konnten sie doch nichts wegnehmen!

Harry war inzwischen auch von der »Presse« abgegangen, zum einen waren die achthundert Mark Schulgeld nicht mehr aufzubringen, zum anderen waren die politischen Vorzeichen auch hier nicht mehr zu übersehen: Mischlinge durften kein Abitur machen und nicht studieren.

Die NSDAP bestand nicht mehr nur aus »braunen Horden«, sondern breitete sich geschwürartig in alle Lebensbereiche aus. Die

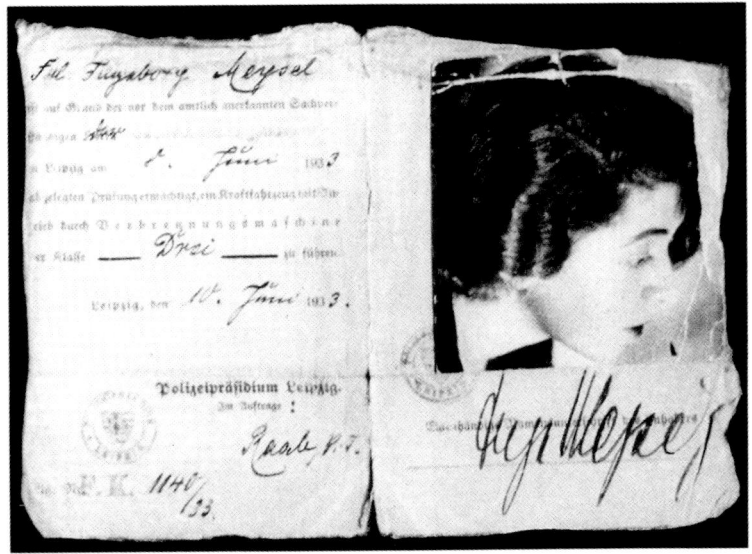

Leipzig 1933, die Führerscheinprüfung: »Ich fuhr meinen Fahrlehrer immer wieder um das Völkerschlachtdenkmal. – ›Sagen Sie mal, junges Fräulein, können Sie eigentlich auch geradeaus fahren?‹ – ›Natürlich, nur ich dachte, Kurven zu fahren sei schwieriger.‹ – ›Also dann gut, bestanden …‹«

99

Gestapo wurde aufgezogen, eine politische Polizei, die »Feinde« in »Schutzhaft« nahm und jüdische Geschäfte mit einem Schild »Jude« kennzeichnete. Natürlich gab es christliche Menschen, die trotzdem dort kauften – aber nur wenige! SA und SS marschierten, es war der totale Überwachungsstaat.

Die vier Wochen Berlin waren, trotz aller Freude, bei den Eltern zu sein, eine sorgenvolle Zeit. Mit sehr gemischten Gefühlen fuhren wir nach Danzig. Aber wir waren auch froh, in den »Freistaat« zu kommen: Kein »Heil Hitler«, keine Hakenkreuze. Und Danzig war eine wunderschöne Stadt. Als wir das Meer und Zoppot sahen, beschlossen wir, uns bis Oktober sozusagen in die »Herbstfrische« zu begeben.

Alles ließ sich gut an, dann kam der erste Schock. Intendant Donath, der Hell engagiert hatte, war abgesetzt worden. Der neue Intendant war Nationalsozialist aus dem Reich, Herr Orthmann. Und das Theater selbst war noch im Umbau, als Ausweichspielstätte diente das Schützenhaus. Aber was konnte uns schon noch erschüttern! Zu unserem Erstaunen kannten mich einige Schauspieler – aus Berlin oder Leipzig – und so war es nichts mit »Frau Rudolph«. Ich war, Gott sei Dank, wieder »Inge Meysel«.

Der Rundfunkintendant, Herr Merz, gab mir gleich eine wundervolle Hörspielrolle in Hausmanns »Lampion küßt Mädchen und kleine Birken«. Und Hell war bereits nach zwei, drei Rollen der Liebling der Danziger. Als der Winter kam, zogen wir in eine herrliche Wohnung in der Langgasse in Danzig. Ich kann wohl sagen: Der liebe Gott meinte es gut mit uns.

Wenn Berlin nicht gewesen wäre! Dort hatte eines Tages der Hauswirt der Badenallee bei Madka angerufen: »Wird Ihnen die Wohnung nicht zu teuer? Ich lasse Sie ohne Kündigung aus dem Mietvertrag.« Madka bekam einen Weinkrampf, aber zum Glück behielt Harry einen kühlen Kopf. Er kam für vierzehn Tage nach Danzig, wir besprachen alles, und danach wurde sofort gehandelt. Die Hälfte der Möbel wurde verkauft, Jule mietete eine dreieinhalb Zimmer Wohnung in der Luitpoldstraße. Schöne, hohe Räume, aber natürlich kein Vergleich zur Badenallee. Dafür die Hälfte der Miete. Anfang 1935 schließlich mußte Jule auf Druck der Partei

Zusammentreffen in Danzig. Harry, Inge und Hell (v. l. n. r.)

sein Geschäft abgeben, wie vorhergesagt zum Schleuderpreis. Nur den Namen »Monopol« durfte er behalten. So konnten Madka und Harry – als Scheinbesitzer – wieder eine kleine Monopolgesellschaft eröffnen, Jule wurde »ihr Angestellter«. Es gab tatsächlich Firmen, die kauften jetzt bei Grete Meysel. Es gab wirklich treue Menschen, wenn auch manchmal versteckt.

Die Treueste der Treuen aber war Jules Sekretärin, Trudchen Meinecke und ihr Mann, sein bester Vertreter. Der neue Besitzer hatte den beiden viel mehr Geld geboten, wenn sie Grete verließen – aber sie blieben. Liebe Leserin, lieber Leser, von Trudchen Meinecke werden Sie später noch hören, denn weder Jule, noch Harry, noch ich würden ohne sie heute noch leben. Danke, Trudchen!

Zwischen 1934 und 1935 prasselten die Verordnungen im »Reich«: Zur »Reinerhaltung des deutschen Blutes« gab es die Nürnberger Gesetze. Deutsche und Juden durften nicht mehr heiraten. Der Geschlechtsverkehr untereinander wurde unter Androhung der Todesstrafe verboten, auch »Mischlinge« – wie ich – durften keinen »Arier« – wie Hell – heiraten. Später mußten männliche Juden den Vornamen »Israel«, weibliche Juden den Vornamen »Sarah« in den Paß eintragen lassen. Stetig baute sich eine ungeheure Maschinerie auf, bis 1939/40 jeder Jude einen handtellergroßen, gelben Stern an seiner Außenkleidung tragen mußte: Den David- oder Judenstern. Die öffentlichen Bänke hatten Aufschriften »Für Juden verboten«, und in vielen Läden und Restaurants hingen Schilder »Juden sind hier unerwünscht«. Als ich zwischendurch mal die Eltern besuchte, kam ich gemütskrank zurück. Das war alles so unvorstellbar, so infam, so menschenverachtend!

Du bist zur Reichstheaterkammer bestellt

Ende 1935 bekam ich ein Telegramm nach Danzig: »Sofort kommen, Madka.« Ich zum Telefon, aber sie beruhigte mich: »Mach dir keine Sorgen, du bist zur Reichstheaterkammer bestellt, und ich habe ein Gesuch für dich eingereicht. Der Brief ist übrigens mit ›Körner‹ unterschrieben.«

Was konnte mir da schon passieren! Körner war der Vorsitzende der Bühnengenossenschaft, ich kannte ihn aus Leipzig. So schnell es ging, fuhren wir nach Berlin.

Und nun saß ich ihm gegenüber, dem Herrn Körner. Nein, es war nicht »mein Körner« aus Leipzig, es war der Bruder: Jung, drahtig, in Uniform. Er las das Gesuch, murmelte vor sich hin: »Schlesier, Kriegsteilnehmer, Invalide ...«

Er sah mich fragend an.

»Ja, an der Somme, rechter Arm, Gasphlegmone.«

Er sah wieder ins Gesuch.

»Jude.«

Er machte eine winzige Pause. »Die Mutter Arierin?«

»Ja, Dänin.«

Jetzt lächelte er sogar etwas: »Sie meinen, dadurch sozusagen doppelte Arierin?«

Er sah wieder auf das Gesuch.

»Tja, Fräulein Meysel, schade. Wenn Ihr Vater damals gefallen wäre, dann könnte ich Ihnen die Spielerlaubnis sofort geben, aber so ...«

Es mag unpassend klingen, aber ich kriegte einen Lachanfall. Das passiert mir manchmal bei falschen Gelegenheiten. Er hob erschrocken den Kopf, und ich sagte unter Lachen: »Entschuldigen Sie, aber meine Madka, mein Bruder und ich sind sehr froh, daß er damals nicht gefallen ist.«

Zu seiner Ehre muß ich wirklich sagen – er wurde weiß wie die Wand.

»So habe ich das nicht gemeint, bitte glauben Sie mir.«

Er sprang auf, rannte zur Tür, sagte »Warten«, die Tür fiel ins Schloß.

Ich war allein im Zimmer, vor mir sein Schreibtisch, der leere Stuhl, das Führerbild an der Wand. Ich sah Herrn Hitler lange an: »Wenn du damals gefallen wärst, säße ich jetzt nicht hier.«

Die Tür ging auf: »Bitte kommen Sie mit.«

Eine Treppe tiefer, eine große Tür. Nun kam mir wirklich Ludwig Körner, der, den ich kannte, entgegen.

»Liebe Meysel, so haben wir uns unser Wiedersehen aber nicht vorgestellt, was? Glauben Sie, mein Bruder hat das vorhin natürlich nicht so gemeint. Wir werden Ihre Akte noch einmal prüfen, alles tun, was in unseren Kräften steht.«

Er schloß mich in seine Arme.

»Danke für die vielen schönen Abende im Leipziger Schauspielhaus.«

Draußen stand ich im alten, hohen Treppenhaus, sah hinunter, dachte »Spring! Spring runter!« Aber dann sah ich Jule vor mir, ihn konnte ich nicht allein lassen.

Unten wartete Hell auf mich, ich konnte nicht sprechen.

Einige Tage später, August 1935, kam das endgültige Berufsverbot. Wie kurz doch ihr »tausendjähriges Reich« war – zehn Jahre später war ich wieder erlaubt. Aber was für ein Wahnsinn lag dazwischen, wieviel Millionen Menschen mußten ihr Leben lassen – nicht nur Juden.

1935 bis 1945
Von diesen Jahren existieren keine »Bühnenbilder« mehr. Es sind meine gestohlenen Jahre.

Am nächsten Tag fuhren Hell und ich zurück nach Danzig. Dort wurde es nun auch immer bedrohlicher. Parolen wie »Heim ins Reich« beherrschten das Bild. Und Generalintendant Orthmann wurde immer mächtiger. Da wir aus unserer politischen Meinung nie einen Hehl gemacht hatten, verlängerte er Hells Vertrag nicht. Wir waren zwar engagementlos, aber voller Optimismus. Woher wir den nahmen, weiß ich nicht, es lag absolut kein Grund vor. Ehe wir nach Berlin zurückkehrten, machten wir noch vierzehn Tage Urlaub in Zoppot. Und wie schlimm auch die Entwicklung in Berlin war, wir hatten ungeheures Glück. Als wir ankamen, gab Madka uns ein Telegramm: »Bitte sofort Rückruf, Vertrag von uns aus perfekt, Ihr Pabst, Komödie Dresden.«

Wir waren nicht mehr auf der Straße, hatten wieder ein Engagement! Vor lauter Übermut und mit unserem reichlich gesparten Geld kauften wir uns einen kleinen, gebrauchten Opel – Zweisitzer. Wir tauften ihn »Häschen«.

In Berlin sah es nicht gut aus. Die Eltern hatten ein Zimmer möbliert vermieten müssen – dadurch war wenigstens die Miete auf die Hälfte reduziert. Die kleine Firma, von Madka und Harry pro forma geführt, deckte gerade so die bescheidenen Lebenshaltungskosten. Aber eben nur gerade so. Jule fing an, seine von ihm mit Liebe und Verstand gesammelten Brücken und Teppiche zu verkaufen. Wir wußten natürlich davon, hatten aber Harry nur heimlich Geld zuschicken können, denn wir wollten nicht, daß die Eltern sich degradiert fühlten. Bisher waren sie es doch gewesen, die uns immer geholfen hatten. Um die Herkunft des Geldes zu erklären, erzählte Harry dann immer Märchen von einem tollen Job, den er gerade an Land gezogen hatte.

Verrückterweise fing ich an, depressiv zu werden. Mein »Drohnen-Dasein« wurde mir mehr und mehr bewußt. Aber ich durfte das vor Hell natürlich nicht zeigen. Nur Jule – er wurde jetzt das, was man »Vater« nennt – spürte, was in mir vorging. Er hatte diese Depressionen selber erfahren. Manchmal, wenn niemand hinsah, nahm er mich in den Arm: »Durchstehn, mein Mädel.«

Und eines Tages legte er mir ein kleines, verschrumpeltes Hundebaby in den Schoß. Sechs Wochen alt war das Etwas, aber ich war sicher, ich würde ihn hochpäppeln. Mein Gott, mal an anderes denken als immer an Beruf, an Politik, an »Was kann noch kommen?«, »Was werden die sich noch alles ausdenken?«

Wir drehten uns ja alle im Kreise!

Der kleine Hund war ein Danaergeschenk. Es gab keine Krankheit, die dieses kleine Wesen nicht hatte. Räude, Staupe – Darmdurchfall –, ich rannte zum Arzt, Spritzen über Spritzen, Bauchwickel. Und ganz plötzlich verweigerte er auch noch die Nahrung. Ich versuchte mit Engelsgeduld, sie ihm einzuflößen, vergeblich. Er wollte einfach nicht überleben. Schließlich war mein Bruder der Retter. Wir saßen alle beim Kaffee, das Etwas lag völlig apathisch auf meinem Schoß. Unvermittelt sagte Harry: »Einem Kind würde die Mutter jetzt die Brust geben.«

Dann stand er auf, goß sich etwas Milch in seine hohle Hand, goß vorsichtig drei bis vier Tropfen Cognac aus der Karaffe dazu.

»So, nun halt mal seine kleine Schnauze an meine Hand.«

»Hör auf, du bist verrückt, laß das.«

»Zum Donnerwetter, tu's!«

Ich tat's. Das Hundeetwas tat nichts. Aber plötzlich schnupperte er, roch und dann? Ganz vorsichtig streckte er seine kleine Zunge raus und leckte. Pause. Er schluckte, wieder die Zunge. Und wieder und wieder. Wir alle starrten auf dieses kleine Bündel, und wirklich, Harrys Hand war schließlich leer.

Was soll ich viel sagen, wir haben ihn durchgekriegt. Natürlich wurde er »Cognac« getauft. Acht Jahre lang ist er mir ein treuer Begleiter gewesen. Acht Jahre in einer Zeit, in der das Sprechen mit Menschen nicht immer ungefährlich war. Aber mit ihm konnte ich sprechen, und er hörte mir zu. Acht Jahre, in denen ich mit ihm hoffte, fluchte, weinte. Alle Menschen, die ein Tier haben, wissen, was das heißt. Und mit Häschen und Cognac ging es nun nach Dresden.

Dresden – eine der schönsten Städte. Wie oft bin ich – in seliger Erinnerung an mein Schulerlebnis – von Leipzig aus mit Hell hingefahren, wenn wir probenfrei hatten. Das Schloß, die Brühlschen Terrassen, der Zwinger. Dann habe ich laut deklamiert, Friedrich v. Schiller, »Der Handschuh«: »Er warf ihr den Handschuh ins Gesicht, den Dank, Dame, begehr' ich nicht und verließ sie zur selbigen Stunde.« Und habe meinem Hell den Handschuh ins Gesicht geschleudert. Was haben wir gelacht und Unsinn gemacht an solchen Tagen. Und darum freuten wir uns auf diese Stadt wie die Schneekönige.

Aber diesmal empfing Dresden uns anders. Direktor Pabst ließ Hell vor der ersten Probe kommen. »Lieber Rudolph, verstehen Sie mich richtig, ich habe mit der Sache nichts zu tun. Es ist nur so, der Obmann vom Schauspielhaus, Bogeslav v. Smelding, war hier« – wie wir später hörten, in großer SA-Uniform – »und er hat mich darauf aufmerksam gemacht, Ihre, also, lieber Rudolph, sagen wir mal, ›Ihre Frau‹ ist Mischling, also Nichtarierin, sie darf das Theater nicht betreten …«

Und bevor Hell etwas sagen konnte, beeilte er sich zu sagen: »Mein Lieber, das ist natürlich Blödsinn, aber bitte, sie soll doch nicht in Premieren gehen. Später sieht es dann ja keiner.«

Hell war völlig fertig. Er wollte weg, nur weg von diesem Ort. Aber wozu hatte ich vom lieben Gott meinen gesunden Menschenverstand bekommen! »Wir bleiben. Ich ziehe nach Moritzburg, das sind schließlich nur ein paar Kilometer. Mir tut's gut und Cognac kann sich austoben. Für dich ist es außerdem nur ein Katzensprung mit unserem Häschen. Und unterwegs kannst du deine Rollen lernen.«

Inge, halte durch

Liebe Leser, ich habe nicht ahnen können, wie schwer das Leben einmal für mich werden würde. Woher auch! Außerdem hatte ich ganz einfach meine Kraft überschätzt. Seit dem Arbeitsverbot hatte ich ja noch in Danzig zwei Jahre Rundfunkarbeit. Aber jetzt in Moritzburg überfiel mich die Verzweiflung. Von nun ab: nichts mehr zu tun. Immer wieder fragte ich mich: »Stehst du das durch?«

Ich war von neun Uhr früh bis ungefähr drei Uhr nachmittags allein. Dann kam Hell, aber nur kurz zum Mittagessen, ein bißchen Erzählen von den Proben, hinlegen. Er brauchte diese Pause, denn er spielte ja jeden Abend. Zwischendurch lernte er noch, verließ dann um 18 Uhr das Haus und war natürlich müde, wenn er gegen Mitternacht zurückkam. So war ich Stunden um Stunden, Tage für

Helmut Rudolph und »Cognac«

Tage, Monat um Monat allein. Allein mit meinem kleinen »Cognac« in zwei möblierten Zimmern. Was hat dieser Hund für Tränen gesehen, für Ausbrüche erlebt: »Was soll ich denn tun? Hilf mir, kleines Hundetier.« Und wenn er dann vor mir saß, meine Hände leckte, ganz leise jaulte, dann war ich fertig. Wer kennt das nicht, der so ein kleines, geliebtes Tier zu Hause hat.

Mein Alltag, den ich in dieser Form nicht kannte, war wie eine leere Hülse für mich. Keine Proben mehr, kein Rollenlernen. Keine Vorstellung, die schon am Nachmittag diese leichte Unruhe vorausschickt. Und dann kein abendliches Garderobengespräch, kein »Hast du schon gehört?«, das aber dennoch mehr ist, als leichtes Getratsche. Es lenkt einen auch ab von der Auftrittsangst, nimmt ein wenig die Spannung, die im Körper steckt.

Aber jetzt war nichts. Ich war meinen eigenen Gedanken ausgeliefert, und die waren gnadenlos. »Hälst du das durch? Wird unsere Liebe daran kaputtgehen?« Und dann die Verlustängste. »Was ist, wenn er sich in eine Kollegin verliebt? Vielleicht merkst du es nicht? Vielleicht traut er sich nicht, es dir zu sagen?« Von all den Zweifeln, den Ängsten sollte und durfte Hell nichts merken. Auf keinen Fall wollte ich ihn belasten. Also Zähne zusammenbeißen und die Einsamkeit ertragen. Ich weiß nicht, wieviel Nächte ich wach neben ihm lag.

Manches klingt so einfach, so »dahergesagt«, aber es ist wirklich so, daß man in schlimmen Situationen Kräfte entwickelt, von denen man nichts ahnt. Nein – sie haben mich nicht kleingekriegt, im Gegenteil.

Wenn Menschen doch begreifen würden, daß man Menschen zusammenschweißt, je mehr man sie trennen will, je mehr man Druck auf sie ausübt. Fast läßt es sich physikalisch erklären – je stärker der Druck von außen ist, desto enger wird die Bindung.

In den letzten Wochen hatte Hell sich die Hände nach einem neuen Engagement wund geschrieben. Von Stuttgart bis Baden-Baden, von Köln bis Hannover – alle Vakanzen waren besetzt. Doch dann, wie ein Wunder, kam ein Traumangebot aus Hamburg! Drei Jahre als erster Bonvivant mit einer Riesengage! Ans Thalia Theater! An diesem Abend haben wir uns restlos betrunken.

Als wir Dresden verließen, hielt Hell unser Häschen an, ich hielt Cognac hoch, der Hund wußte nicht, wie ihm geschah, bellte, und wir riefen übermütig: »Heil Hitler, Herr Führer, lassen Sie es sich in Dresden weiter gut gehen! Aber ohne uns!«

Als alles für Hamburg vorbereitet war, wollten wir die letzten Tage in Berlin genießen, aber Madka kam mit einer Überraschung. Was heißt »Überraschung«. Heute würde man sagen, sie kam mit einem Hammer! Sie erklärte eines Morgens, sie hätte etwas vor, Harry und ich sollten sie begleiten. Gut und schön, wir gaben nach. Was sie aus Sparsamkeitsgründen sonst nie tat, sie nahm eine Taxe. Harry und ich trauten unseren Augen nicht, wir fuhren in unsere alte Ost-Berliner Gegend Cadiner Straße und hielten vor der Lazaruskirche. Madka zahlte, drehte sich um und sagte: »Macht jetzt keinen Zinnober, es ist gut für euch und noch besser für Papa. Ihr werdet jetzt von dem alten Pfarrer Kracht, ihr kennt ihn ja, getauft. Euer Dissidententum ist nicht gut für Mischlinge.«

Wir standen da, ihre 25jährige Tochter und ihr 20jähriger Sohn, sahen sie an und dachten, sie sei verrückt. Sie ging unbeirrt zum

Tauf-Bescheinigung.

Ingeborg Charlotte Meysel

geboren am _30 Mai 1910_ zu _Berlin Rixdorf_

Tochter des _Kaufmanns Julius Meysel_

und seiner Ehefrau _Margarete_ geb. _Hansen_, wurde nach

dem Taufbuch der evangelischen **Lazarus-Kirche** zu Berlin am _26. Juli 1936_ getauft.

Diese gebührenfreie Bescheinigung hat nur zu kirchlichen und zu Schulzwecken Gültigkeit.

Berlin, den _26 Juli 1936_

Standesamt Berlin _Rixdorf_

Register-Nr.: _699 / 1910_

Taufbuch-Nr.: _324 / 36_

J. A. Trofimoff
Küster.

Kirchenportal, drehte sich um und sagte sehr ernst: »Vielleicht rettet es eines Tages euren Vater.«

Als ich die Geschichte am Abend Hell erzählte, sagte er nur: »Du siehst, was Angst aus einem Menschen alles machen kann.«

Harry und ich haben es damals niemandem erzählt, wir haben uns geschämt. Vor allem Jule hat es nie erfahren. Einige Tage später fuhren Hell, Cognac und ich nach Hamburg.

Hamburg 1936 – eine ganz andere Atmosphäre. Großstadt, gelockerter Ton, selten ein Geschäft, in dem man mit »deutschem Gruß« begrüßt wurde. Schlaglichtartig erschloß sich uns die Stadt. Wir lebten auf. Das Theater? Hell kam vom ersten »Guten Tag« sagen ins Hotel und sagte: »So, meine Geliebte, hier sind wir richtig.«

Ich, wie immer etwas skeptisch: »Ist es nicht ein bißchen früh für solch ein Urteil?«

Und dann erzählte er: »Ich habe beiden Direktoren, Mundorf und Leudesdorf gesagt, ich lebe mit einer Frau, die ich nicht heiraten darf, aber ich möchte sie als meine Frau vorstellen, und ich möchte, daß sie unbehelligt auch ins Theater kommen darf. Ist das möglich? In Dresden hatten wir Schwierigkeiten.«

Beide haben ihn angesehen, als ob er vom Mond käme: »Sagen Sie mal, Rudolph, das geht uns doch nichts an. Ihr Privatleben ist Ihre Privatsache. Wir freuen uns, Ihre Frau kennenzulernen. Damit Sie sich einleben können, ist Ihre erste Probe erst in acht Tagen.«

Das Ensemble war großartig: Elisabeth Lennartz – ich hatte sie vor Jahren in Berlin wundervoll als Katharina Knie von Zuckmayer gesehen. Der großartige Carl Heinz Schroth, Ernst Leudesdorf, Willy Maertens. Wir erfuhren, daß auch er eine jüdische Frau hatte, Charlotte Kramm, die bis 1934 bei Erich Ziegel engagiert war. Und einen Sohn Peter, also »Mischling«. Aber kein Mensch des Theaters nahm es zur Kenntnis.

Dann gab es Emil Lohkamp und die herrliche Maria Karsten. Von ihr wurde die hübsche Geschichte erzählt, sie sei so penibel, daß sie die Seife wäscht, bevor sie sich mit ihr wäscht.

Das Großartige war, daß sie alle, auch die Schauspieler vom Schauspielhaus – hervorragend Werner Hinz, Gustav Knuth,

Ehmi Bessel, Gustl Busch und die Stars vom Operettentheater, wie Peter Schütte, untereinander verkehrten. Man traf sich damals in sogenannten Theaterkneipen oder Klausen, man debattierte sich die Köpfe heiß. Und man sprach politisch vollkommen offen miteinander. Wenn jemand Böses gewollt hätte, wäre mancher sicher nicht mit einem blauen Auge davongekommen. Hier wußte auch jeder, daß ich Halbjüdin war – na und? Wie sagte Titi Lennartz: »Inge, halte durch. Eines Tages stehst du wieder bei uns hier oben, das ist doch klar. Glaub mir, es ist alles eine Frage der Zeit.«

Hell hatte Erfolg als Bonvivant. Er spielte alle Goetz-Komödien – »Ingeborg«, »Hokuspokus«, »Der Lügner und die Nonne« mit der bezaubernden Ruth Hausmeister, und mit Titi Lennartz als russisches Emigrantenpaar in »Torvarisch« … Nein, ich kann nicht alle Rollen aufzählen.

Irgendwann hat Hell gesagt: »Inge, tust du mir einen Gefallen? Hör mich nicht nur ab, arbeiten wir ein bißchen an der Rolle. Ich muß auf den Proben einfach präsenter sein.«

Lachend antwortete ich: »Mann, hab' ich Glück. Bis ich wieder selber spielen kann, bist du von jetzt ab mein Opfer.«

Mundorf erlaubte mir, auf jede Probe zu kommen, und zu Hause haben wir dann jahrelang jede Rolle gearbeitet. Es hat ihm gutgetan, es hat mir gutgetan. Hell wurde der bezauberndste, beliebteste Bonvivant Hamburgs. Schon nach einem Jahr verlängerte Mundorf den Vertrag mit Hell auf zunächst fünf Jahre: »Von mir aus, solange du bleiben willst!«

Wir wurden übermütig, mieteten eine wundervolle Wohnung, kauften Möbel – und was für welche! – und es wurde wirklich ein Zuhause, das sich sehen lassen konnte. Wir wohnten in Harvestehude, Oberstraße, eine Gegend, wo die Straßenbahnlinie 18 fuhr, und das sollte in Hamburg schon etwas heißen.

Das ist so ein »Schnack« bei den Hamburgern – unterhalten sich zwei Hamburgerinnen, sagt die eine »Meine Tochter heiratet in ›die 18‹«. Dann konnte die andere nur neidvoll schweigen …

Ja, die Hamburger sind ein eigen Volk, ich habe es damals festgestellt und finde das noch heute.

Die Wohnung in der Oberstraße hatte einen ganz großen, unbezahlbaren Vorteil. Sie gehörte nämlich Dänen, die fanden, unser Privatleben gehe sie nichts an. Wir wollten ehrlich sein und sie nicht in Schwierigkeiten bringen, aber sie wehrten ab.

Und dann kam es zur Tragödie: Am 7. November 1938 erschoß ein junger polnischer Jude, der die Ausweisung seiner Eltern aus Deutschland rächen wollte, den deutschen Botschaftsrat in Paris, vom Rath. Es war ein sinnloses Verbrechen wie jede, aber auch jede Tötung, ganz gleich, aus welchen Motiven sie geschehen mag. Nur, in Deutschland war es der Funke, den die Nationalsozialisten brauchten. Es war der Auftakt zur »Reichskristallnacht« am 9./10. November. Im ganzen Land brannten die Synagogen, wurden jüdische Geschäfte demoliert, Juden aus ihren Wohnungen geholt, zu Tode geprügelt.

Von da ab gab es kein Pardon mehr, von da ab begann die »Endlösung der Judenfrage«. Die sinnlose Tat dieses jungen Mannes wurde bloß zum Vorwand genommen.

Und die Politik holte auch uns ein. In Berlin wurde Harry zum Arbeitsdienst geholt, obwohl Mischlingen diese »Ehre« sonst nicht zuteil wurde. Wie sagte doch der *Leiter* dort?

»Mensch, Meysel, so blond, so blauäugig, da muß Ihre Mutter aber quer durch die Betten gegangen sein.«

Vom Arbeitsdienst kam Harry dann sofort zur Wehrmacht. Seine Kompanie war übrigens eine der ersten, die am 1. September 1939, früh um 4 Uhr in Polen einmarschieren mußten. Zehn Prozent der Männer sind nur zurückgekommen.

Um das »Klima« des Thalia Theaters aufzuzeigen, möchte ich eine Geschichte erzählen.

Gauleiter Kaufmann, der sich im Gegensatz zu seinem Staatssekretär Ahrens nie im Thalia Theater blicken ließ, hatte Mundorf eine Beschwerde geschickt. Am Thalia Theater werde nicht mal an der Kasse beim Kartenverkauf mit dem »deutschen Gruß« gegrüßt. Mundorf berief sofort eine Vollversammlung aller Bühnenangehörigen samt Arbeiterschaft ein. Morgens, 9.30 Uhr vor Probenbeginn saßen alle im Zuschauerraum. Mundorf erschien im Straßenanzug auf der Bühne, obgleich er Parteigenosse war und

113

»schiß« – in echter Partei- und Soldatenmanier – alle zusammen: »Meine Damen und Herren, mir ist zu Ohren gekommen, daß in diesem Haus nicht mit dem ›deutschen Gruß‹ gegrüßt wird. Ich möchte Ihnen sagen, das ist eines deutschen Theaters unwürdig. Ab sofort wird in diesem Theater nur noch mit ›Heil Hitler‹ gegrüßt. So, das war's, was ich Ihnen zu sagen hatte. Guten Morgen.«

Liebe Leserin, lieber Leser, ich habe nicht vor, ein politisches Buch zu schreiben, dazu bin ich nicht kompetent genug. Aber ich muß natürlich über Politik schreiben, soweit sie unsere Familie betraf.

Der Nationalsozialismus wurde immer gegenwärtiger. Und was auch geschah – es wurde von 90 Prozent der Deutschen nicht nur hingenommen, sondern bejubelt. Auch als 1938 erst Österreich »ins Reich heimgeholt« und dann im selben Jahr das Sudetenland vom »Führer« dem deutschen Reich »einverleibt« wurde. (Das Wort »einverleibt« war ein typisches Schlagwort jener Zeit.) Im »Münchner Abkommen« wurde diese »Politik« 1938 auch noch legalisiert. England, Italien und Frankreich schlossen mit Hitler einen Vertrag, der die Besetzung besiegelte.

Ein Jahr später, am 1. September 1939, früh um 4 Uhr, haben die ersten deutschen Kompanien die polnische Grenze überschritten. Jetzt hatte die Geduld der Engländer und Franzosen, verbunden mit Polen durch einen Beistandspakt, allerdings ein Ende. Der 2. Weltkrieg hatte begonnen.

Mein Bruder konnte noch, ich weiß nicht wie, 48 Stunden vorher die Eltern anrufen: »Madka, ganz schnell, macht euch keine Sorgen, ich komme wieder. Grüß Herta von mir.« Abgehängt.

Wir wußten also, Harry war dabei. Wie das manchmal in solchen Situationen ist – ich mußte lachen. Allerdings war es ein ersticktes Lachen. Der »Führer« hatte Danzig am Tag des Kriegsausbruchs ins Deutsche Reich »heimgeholt«. Was hatten wir für ein Glück, daß man uns dort sozusagen rechtzeitig rausgeschmissen hatte.

Im Thalia Theater ging der Betrieb wie bisher weiter. Kein Schauspieler wurde eingezogen, und wenn sie einen der Bühnenarbeiter holten, wurde sofort »reklamiert«. So gesehen gab es bei uns keine Schwierigkeiten. Aber ich glaubte nicht an einen kurzen Krieg, hatte den »kleinen Spaziergang« 1914 nicht vergessen. Und so baute ich auf meine Weise vor.

Ich möchte eine kleine, Sie werden vielleicht sagen »belanglose« Geschichte erzählen, die aber trotz dieser vermeintlichen Belanglosigkeit für uns eine große Auswirkung hatte.

In den ersten Kriegswochen stand ich in einem Laden, außer mir noch zwei Frauen, Italienerinnen oder Spanierinnen, was weiß ich. Jedenfalls erzählte die eine, sie hätte sich gleich am ersten Kriegstag zehn Flaschen Olivenöl besorgt. Und auf die Frage: »Was willst du denn damit?«, antwortete sie: »Weißt du, mit Öl kann man braten, kochen, Salate machen. Mit Öl kannst du immer was zaubern, wenn es nichts mehr gibt.«

Ich habe mich damals umgedreht, den Kopf geschüttelt und hab' zu mir gesagt: »Meschugge.«

Aber im Kopf der kleinen Meysel war ein großes Nachdenken, und am nächsten Tag holte ich in diversen Läden – nein, keine Flaschen, sondern Kanister Olivenöl. Mein ewig mißtrauisches Köpfchen hatte es gleich gedacht: »Wenn du Flaschen nimmst, gehen sie leicht bei Fliegeralarm und Bombenangriffen kaputt. Also nimm Blechkanister, die sind unverwüstlich.«

Als Hell nach Hause kam und diese Batterie auf dem Küchentisch sah, hat er wirklich an meinem Verstand gezweifelt. Aber ich habe nur gelacht. Als mitten im Krieg Schmalhans Küchenmeister wurde und ich ihm immer noch schöne krosse Bratkartoffeln, Saucen, und Salate vorsetzen konnte, ja, sogar noch was zum Tauschen in der Speisekammer hatte, da hat er gelacht. Und als ich später unsere Wohnung nicht einmal mehr betreten durfte, erinnerten ihn die restlichen Kanister an mich und er hat manches Mal geheult.

Viel Zeit ließ uns das Schicksal nicht, es begann das schlimmste Verbrechen der Nazis, es begannen die Deportationen der Juden. Frühmorgens um fünf oder um sechs Uhr wurden sie aus den Wohnungen geholt und auf Lastwagen wegtransportiert zu den Sammelstellen auf den Bahnhöfen. Dort wurden sie bewacht von SA und SS und wie Vieh in Güterwaggons gepfercht – drangvoll eng, ohne sanitäre Einrichtung, menschenunwürdig, menschenverachtend.

Wie wir das erfuhren?

Erstens sahen wir's. Auf der Wiese am Dammtorbahnhof standen die Menschen zusammen, die sie aus ihren Wohnungen geholt oder auf der Straße verhaftet hatten. Von hier wurden sie deportiert. Man ging ja vorbei an diesem belebten Ort Hamburgs. In den Großstädten konnte doch wirklich keiner sagen, er hätte es nicht gewußt. Fortwährend »verschwanden« Nachbarn, wurden Geschäfte geschlossen, »arisiert«, sah man Lastwagen mit Menschen drauf. Man konnte doch sehen! Und begreifen! Einmal erlebte ich, am Dammtor, wie Hunderte von Hamburgern den Kordon durchbrachen, der die Juden umgab, und ihnen Pakete mit Essen und Decken brachten. Vor diesen mutigen Menschen hatte und habe ich wirklich heute noch großen Respekt und große Verehrung! Zweitens hörten wir ja alles, was geschah. Wir hörten Radio. Die Nazis brauchten das Medium für ihre Zwecke, aber sie konnten trotz Verbot nicht verhindern, daß man »Feindsender« hörte. Die englische BBC gab täglich genaue Berichte über alles, was passierte. Tausende hörten die Wahrheit, aber sie war so unfaßbar, daß viele sie einfach nicht glaubten oder glauben wollten. Und eines Tages tauchte zum ersten Mal das Wort »Gas« auf. In den KZ's, wo diese »Menschenzüge« landeten, sollte es Gaskammern geben, wo Frauen, Kinder, Männer – nackt – hineingeschickt würden. »Zum Entlausen«, wie es als Begründung hieß. Dann kam das Gas, und die Leichen wurden verbrannt.

Ich sage ganz ehrlich, auch wir glaubten das zuerst nicht. Die Phantasie reichte einfach nicht aus, so etwas für möglich zu halten. Es wurde von »Greuelmärchen« gesprochen, es war einfach unfaßbar.

Ich telefonierte mit Jule, der nicht mehr auf die Straße ging. »Jule, nur nicht alles glauben, sowas kann es nicht geben.«

Und wie immer in Diktaturen tauchten politische Witze auf – ein Ventil, ein Spiegelbild der Realität. Zwei davon will ich kurz erzählen:

Ehepaar Cohn fuhr seit Jahren an die Ostsee, nach Heringsdorf. Frau Cohn bittet ihren Mann: »Isaak, komm, laß uns doch, ehe wir Deutschland verlassen, noch einmal nach Heringsdorf fahren, einmal noch am Strand spazierengehen.« Sie fahren hin, steigen aus, Fischer Petersen rennt auf sie zu: »Aber Herr Cohn, Sie haben sich ja gar nicht angemeldet.« – »Aber Petersen, konnte ich doch nicht, Sie sind doch Antisemit.« – »Aber doch nicht im Sommer, Herr Cohn.«

Isaak schreibt an seine Frau Lea aus dem KZ: »Meine Geliebte, mach dir keine Sorgen, mir geht es gut. Morgens aufstehn, reichlich Frühstück, drei Stunden arbeiten, dann gutes Mittagessen, Ruhepause, wieder drei Stunden Arbeit, Schlafengehen. P. S. Onkel Moishe, der anderer Meinung war als ich, ist gestern gestorben.«

Der Polenfeldzug wurde »siegreich beendet«, Harry war Gefreiter geworden, kam auf Urlaub und besuchte uns mit Herta übers Wochenende. Es waren zwei schöne Tage. Ja, schöne Tage – so egoistisch ist man, daß bei allen schrecklichen Erzählungen doch das glückliche Gefühl, ihn heil wiederzuhaben, stärker war.

Das Leben ging weiter – so, wie es eben weitergehen konnte: mit Fliegeralarm, Verdunklung, in den Keller rennen. Mein Gott, wie oft hat man damals die Koffer gepackt, obwohl die Tasche mit dem Nötigsten immer bereitstand. Und die Mütter! Was mußten die an Kraft aufbringen, an Geduld, wenn sie Nacht für Nacht – manchmal auch mehrmals – ihre kleinen Kinder an die Hand, auf den Arm nehmen mußten, sie beruhigen, wieder aufwecken, wieder zum Schlafen bringen. Jahrelang.

Aber die Theater, die Kinos, die Tanzetablissements waren voll, zum Teil voller als früher. Nicht verwunderlich, die »Fronturlauber« sollten und wollten unterhalten sein.

Dann begann der Krieg mit Frankreich. Und wieder war mein Bruder Harry dabei, und wieder hatte meine Familie Glück im Unglück. Harry wurde zum Obergefreiten befördert, wegen »Tapferkeit vor dem Feind«, und mit »Nahkampfspange«. Sein Kompanieführer von Puttkammer war so angetan von ihm, daß er ihn, ohne daß Harry das wußte, zu einem Offizierslehrgang vorschlug. Bei der Prüfung seiner Papiere stellten sie fest: Halbjude.

Der sechsundzwanzigjährige, bisher so tapfere, zweimal beförderte Soldat wurde »unehrenhaft« aus der Armee entlassen.

Es war sein Glück.

Man rede mir nicht von Zufall, alles ist Bestimmung. Darauf komme ich noch zurück. Nur wenige von Harrys Kameraden sind später aus Rußland zurückgekommen.

Mit mir und den Eltern ging das Schicksal nicht ganz so gnädig um. Hell und mir passierte nämlich das, was auf keinen Fall hätte passieren dürfen – ich wurde im Jahr 1941 schwanger. Da der »Verkehr« zwischen Ariern und Nichtariern bei Androhung der Todesstrafe verboten war, war natürlich auch derselbe mit »Mischlingen« nicht erwünscht. Ich ahnte, was auf uns zukommen könnte und wollte abtreiben. Aber Hell war so glücklich, so optimistisch – ja, er glaubte, wir könnten dadurch vielleicht sogar die Heiratserlaubnis bekommen –, daß er mich überredete. Kurz: Ich behielt das Kind.

Eines Morgens, am 6. November 1941, das Datum ist in meinem Gedächtnis eingebrannt, bekam ich einen Anruf aus Berlin: Joachim Gottschalk hatte sich mit Frau und Kind umgebracht. Es war ein solcher Schock, ich fiel in Ohnmacht.

Hell rief Professor Gläwecke vom Elisabeth-Krankenhaus an, ich wurde eingeliefert. Der Professor kannte unsere Situation. Er stellte fest, daß die Fruchtblase beschädigt war und verordnete strengste Ruhe. Ich durfte mich nicht rühren, denn man hoffte, das Kind – im sechsten Monat – doch noch retten zu können.

Joachim Gottschalk war nicht nur ein glänzender Schauspieler jener Zeit (unvergessen u. a. die Filme »Befreite Hände« mit

Brigitte Horney, und mit Paula Wessely »Ein Lebenlang«), er war auch ein prachtvoller Mensch. Wir kannten uns aus Leipzig – er war dort am Alten Theater (Staatstheater), und wir hatten uns zwei- bis dreimal mit ihm und seiner jüdischen Frau zum Essen in »Auerbach's Keller« getroffen. Als das »Dritte Reich« begann, hatte er das Glück, von Eugen Klöpfer nach Berlin an die Volksbühne geholt zu werden. Auf jeden Fall weg von Leipzig, wo man ihm dieselben Schwierigkeiten gemacht hatte wie mir. Alle Theater – mit Ausnahme der Staatstheater – unterstanden Goebbels. Und der wollte seine Theater »judenrein« haben. Zuerst ging in Berlin alles gut, denn Gottschalk hatte große Erfolge. Aber als 1939/40 die Judengesetze kamen, die Deportationen begannen, als man sich zur »Reinigung« und zur »Endlösung« anschickte, da störten den Minister auch die Mischehen. (Übrigens im Gegensatz zu Göring, der den Satz prägte: »Wer Jude ist, bestimme ich.« Dadurch überlebten bei Gründgens fünf oder sechs Mischehen, z. B. Paul Bildt, Paul Henckels, beide hatten eine jüdische Frau, Erich Ziegel mit Miriam Horwitz, Maria Koppenhöfer mit ihrem jüdischen Mann.) An Gottschalk jedenfalls kam seit Ende 1940 immer wieder die Aufforderung, sich von seiner Frau zu trennen. Selbstverständlich erfolglos. Irgendwann 1941 wurde er ins Propaganda-Ministerium befohlen. Dort wurde er vor die »Alternative« gestellt: Scheidung oder an die Front. Und dann seien seine Frau und sein Kind sowieso allein. Was das hieß, konnte er sich denken.

Joachim Gottschalk hat mit Frau und Kind den gemeinsamen Tod gewählt, sie haben sich mit Gas vergiftet.

Es wurde von höchster Stelle angeordnet, daß Zeit und Ort der Beerdigung geheim zu halten seien, kein Mensch habe dort zu erscheinen.

Aber man hatte nicht mit dem Mut und dem Charakter von Freunden gerechnet – oder man hatte ganz einfach Schauspieler unterschätzt. Auf die Gefahr hin, ihr Engagement zu verlieren oder auch verhaftet zu werden erschienen Gustav Knuth, seine Frau Titi Lennartz, Werner Hinz und seine Frau Ehmi Bessel, Renée Deltgen, Brigitte Horney und Ruth Hellberg. Tiefe Verbeugung vor ihnen! Goebbels soll getobt haben, aber es waren die Spitzenstars von Berlin, da konnte selbst dieser mächtige Mensch nichts unternehmen.

Ich lag wochenlang still, durfte mich kaum bewegen. Und dennoch erwischte mich das Schicksal. Bei einem nächtlichen Fliegeralarm muß ich wohl derart aufgeschreckt aus dem Bett gesprungen sein, daß die Fruchtblase geplatzt ist. Man hat dann noch versucht, durch totale Ruhestellung die Geburt hinauszuschieben, aber das ging nicht lange. Am 19. Januar 1942, nachts um 1 Uhr, kam das Mädel zur Welt.

Ich hatte mir keine Narkose geben lassen – was damals durchaus noch üblich war – und Hell war dabei (was damals absolut nicht üblich war).

Als man mir mein Kind zeigte, sagte die Hebamme: »Also rothaariger geht es nicht.«

Später erfuhr ich, daß Babys äußerst selten rote Haare haben, die »Einfärbung« kommt erst später durch.

Ich hielt das Kind nur kurz im Arm, denn am nächsten Morgen sollte es gleich in einen Brutkasten kommen. Ich schlief ein. Als ich Stunden später erwachte, saß Hell an meinem Bett und heulte wie ein Schloßhund. Instinktiv wußte ich sofort – das Baby war tot. Wir haben diesen Verlust beide nie verwunden.

Vierzehn Tage später wurde ich aus dem Krankenhaus entlassen, ganze 82 Pfund schwer, was selbst bei meiner kleinen Länge von 1,56 m wenig war. Es hat lange gedauert, bis ich wieder ich selbst wurde.

Fräulein Meysel.
Innerhalb von vier Wochen haben Sie die gemeinsame Wohnung zu verlassen

Die Bombenangriffe auf deutsche Städte nahmen zu. Nacht um Nacht Alarm. Hell mußte oft, wie alle Kollegen, nachts im Theater Wache schieben.

Aus heiterem Himmel wurden eines Tages die beiden Direktoren Paul Mundorf und Ernst Leudesdorf ihrer Ämter enthoben. Leu durfte als Schauspieler bleiben, Mundorf mußte, für alle unbegreiflich, Hamburg verlassen. Und vom Reichspropaganda-Ministerium wurde der Schauspieler Robert Meyn vom Schauspielhaus Hamburg als Intendant eingesetzt. Es sprach sich herum, daß er mit dem allmächtigen Gestapochef Graf v. Behr-Bassewitz aufs innigste befreundet war. So wurde nun auch im Thalia Theater der »deutsche Gruß« eingeführt.

Es kamen viele neue Schauspieler – nicht immer adäquat den gegangenen. Es wurde natürlich auch ein anderer, »deutscher« Spielplan gemacht. Und es kam – Duplizität der Ereignisse – was kommen mußte: Eines Tages wurde Hell zu Meyn gerufen, und der eröffnete ihm: »Lieber Rudolph, Ihre Partnerin darf unser Theater nicht mehr betreten, weder vor noch hinter den Kulissen. Außerdem möchte ich Ihnen noch gratulieren, man wollte Sie einziehen, ich habe Sie freibekommen. Sie sind also wieder u.k. gestellt.« Das war natürlich eine Erpressung. Und die war nur der Auftakt, denn einige Wochen später bekam ich eine Vorladung zur Gestapo in der Rothenbaumchaussee. Hell ließ sich nicht davon abbringen, mitzukommen. Ein Zimmer, wir gehen rein: »Heil Hitler, was wollen Sie?«

»Verzeihung, mein Name ist Meysel, ich …«

Weiter kam ich nicht, der Mann in Uniform starrte Hell an, sprang auf: »Herr Rudolph? Nein, das glaubt man nicht. Also, wenn ich das meiner Frau erzähle. Wir sind nämlich Abonnenten im Thalia Theater. Mein Gott, Helmut Rudolph!«

Uns war nicht gerade nach Begeisterung zumute.

»Was wollen Sie hier?« Er wurde förmlich.

»Ich bin wegen meiner Frau hier.«

Er sah mich an, »ja, aber Fräulein Meysel lebt mit einem Helmut Heyn zusammen.« Hell unterbrach: »Das bin ich, Rudolph ist mein Künstlername.«

Pause, Räuspern. Dann sagte er mit einem Blick in die Akte: »Fräulein Meysel, ich habe Ihnen folgende Anordnungen mitzuteilen: Innerhalb von vier Wochen – die Frist ist sehr großzügig von uns – haben Sie die gemeinsame Wohnung zu verlassen. Sie haben sich beide künftig nicht mehr in geschlossenen Räumen zu treffen. Fräulein Meysel bekommt in den nächsten Tagen ihre Arbeitszuweisung. Danach hat sie sich alle vierzehn Tage hier zu melden, solange Sie noch in Hamburg sind.«

Er stammelte noch ein »Herr Rudolph, Anordnungen von höchster Stelle«, setzte sein »Heil Hitler« hinterher, und wir waren draußen.

Wir sind irgendwann nach Haus gekommen in die geliebte Wohnung. Wir haben geheult, wir haben vor Wut getobt. Cognac spürte unsere Verzweiflung, rannte von einem zum anderen. Menschen, die Tiere haben, wissen, wie sehr Tiere mitfühlen können. Und dann der Schreck. Was wird aus Cognac? Wo komme ich hin? In welche Munitionsfabrik? Und Hell? Proben, abends Vorstellung. Ich sah keinen Ausweg, aber Hell beruhigte mich. »Dann kommt er zu meiner Mutter.« Nach ihrer Ausbombung war sie nach Hamburg gezogen, in eine kleine Wohnung an der Rennbahnstraße in Hamburg-Horn.

»Hell, das hält der Hund nicht aus, der hängt so an mir.«

Er behielt einen klaren Kopf.

»Inge, mach uns nicht verrückt, wir haben noch vier Wochen Zeit.«

Am nächsten Morgen holte ich, wie immer, Brötchen aus der Stadtbäckerei. Die Verkäuferin sah mich an: »Na, Frau Rudolph, Sie haben ja ein ganz verweintes Gesicht. Ist jemand bei Ihnen gefallen?« Ich schüttelte den Kopf, murmelte ein »Schon gut«.

Sie reichte mir die Tüte, sagte: »Bei Ihrer Rechnung von den anderen Tagen ist noch etwas unklar. Kommen Sie gegen zehn Uhr, im Moment habe ich keine Zeit.« Zuerst begriff ich gar nichts. Dann sah ich die Kunden und nickte.

Jetzt, liebe Leserin, lieber Leser, kommt wieder mal die Vorbestimmung. Vielleicht finden Sie mich lächerlich oder glauben mir nicht, aber genauso war's: Ich ging um zehn Uhr hin, die Verkäuferin stellte sich vor: »Ilse Abraham, Sie sind Mischling wie ich, oder?«

Ich stotterte: »Ja, aber ...«

»Will man Sie von Ihrem Mann trennen? Bei mir haben sie es schon getan.« Ich nickte.

»Haben Sie schon Ihren Arbeitseinsatz bekommen?«

»Nein, aber ...«

»Hören Sie mir jetzt gut zu. Ich gebe Ihnen eine Adresse in der Großen Theaterstraße, Hermann Gottlieb Schmidt, Generalvertreter von Fichtel & Sachs. Gehen Sie heute nachmittag hin. Ich habe Sie angemeldet.«

Ich fing an zu weinen. Sie lächelte: »Herr Schmidt ist ein großer Verehrer von Herrn Rudolph.«

Ohne Hell etwas zu sagen, stand ich um 16 Uhr im Direktionszimmer. Ein großer, ein sehr blonder Kerl – sowas nennt man einen schönen Mann – saß hinter dem Schreibtisch.

»Ich habe schon alles gehört, haben Sie die Papiere? Bitte warten Sie im Vorzimmer.«

Ich war wieder draußen. Kurze Zeit später wurde ich gerufen.

»Ihre Papiere behalte ich, keine Angst, Sie sind schon im Panzerschrank. Sie sind seit genau fünfzehn Minuten angestellt als Telefonistin und technische Zeichnerin des Hauses Hermann Gottlieb Schmidt. Morgen früh 8.30 Uhr finden Sie sich ein. Arbeitszeit täglich bis 14 Uhr. Alles weitere regelt meine Sekretärin. Und bitte grüßen Sie Herrn Rudolph von mir. Es ist eine kleine Revanche für die vielen schönen Abende, die er mir und meiner Frau bereitet hat.«

Ich wußte nicht, wie mir geschah. Ich raste zur Stadtbäckerei, riß die Tür auf, rief: »Ich bin angestellt!«

Sie lachte nur. Zu Hause sprudelte das Glück aus mir heraus: »Halbe Tage und jeden Morgen nur zehn Minuten mit der Linie 18.« Hell holte mich in die Wirklichkeit.

»Inge, vergiß nicht, du wohnst nur noch drei Wochen hier.« Die Hauptsache hatte ich vergessen. Also mit Cognac noch mal in die Bäckerei.

»Ich muß aus unserer Wohnung raus.«

Die Abraham war ganz ruhig: »Dann ziehen Sie eben zu mir. Ich bewache eine ganze Villa in der Scheffelstraße. Sie kommen zwar in die Dachwohnung, dafür eine der schönsten in Hamburg. Wir beide gehen aber bei Fliegeralarm nicht in den Keller, wir müssen Brandwache halten.«

Die Wohnung gehörte einem höheren Parteigenossen, Direktor Eriksen von einer Brauerei in der Elbchaussee, seine Familie hatte er evakuiert. Er war einer der anständigsten Menschen, die ich kennengelernt habe.

Als acht Tage später mein Arbeitseinsatz kam, gab ich die Papiere Herrn Schmidt. Ich sollte nach Krümmel bei Geesthacht zur unterirdischen Munitionsherstellung. Er regelte wohl alles, jedenfalls habe ich nie wieder etwas davon gehört.

Viermal in der Woche mußte ich abends von 6–8 Uhr nun einen Kursus »Technisches Zeichnen« in der Schäferkampsallee absolvieren. Nach zwei Monaten war ich nicht nur Telefonistin, sondern auch technische Hilfszeichnerin, brauchte aber nur Zeichnungen durchpausen. Ich blieb eineinhalb Jahre.

Ich habe es nicht immer leicht gehabt, aber eigentlich hatte ich wirklich Glück. Natürlich trafen Hell und ich uns heimlich – auf Gedeih und Verderb waren wir, wenn Alarm war, den Angriffen ausgesetzt, denn häufig übernachtete ich bei uns in der Oberstraße, verbotenerweise. So hangelten wir uns einigermaßen durch.

Am 2. Juli 1943 stand Hell überraschend an der Ecke Theaterstraße, als ich gegen halb drei meine »Arbeitsstätte« verließ. »Du, ich habe heute keine Vorstellung, laß uns in die Oberstraße gehen.« Ich war überglücklich. Einen Tag mal wieder in der eigenen Wohnung. Ich begrüßte jedes einzelne Stück. Wie sehr kann doch jeder Gegenstand Heimat werden. Und während ich für uns kochte, sagte Hell: »Morgen hole ich Cognac, und dann machen wir drei uns mal wieder ein richtiges Wochenende.«

Wir genossen unser Zusammensein, bis der Alarm kam. Es war anders dieses Mal, die Straßen waren taghell, obwohl es Nacht war. Wir standen am Fenster und sahen Hamburg brennen. Unternehmen Gomorrha hatte begonnen, aber das wußten wir noch nicht. Hamburg sollte wirtschaftlich, und das hieß speziell im Hafenbereich und in der Rüstungsindustrie, unschädlich gemacht werden.

Die ersten Meldungen im Radio waren verheerend: Harburg, Veddel, Wilhelmsburg brennen. Über Hamburg war der Himmel am Morgen dunkel von Rauch. Und das schlimmste: Es kamen Warnungen durch, nicht mit Wasser zu löschen, denn die Engländer hatten Phosphorbomben geworfen, und Phosphor reagiert auf Wasser wie auf Öl, die Flammen werden nur noch schlimmer. Hunderte Hamburger sind in dieser und den beiden folgenden Nächten wie brennende Fackeln in die Bille und Alster gesprungen, weil sie das Feuer löschen wollten. Und sie sind elend verbrannt.

Hell und ich rannten zur Scheffelstraße – nichts mehr, das Haus war runtergebrannt, alles vernichtet. Noch schlimmer der Gedanke: Was macht Hells Mutter? Und was macht Cognac?

Wir haben Stunden gebraucht, ehe wir in Horn ankamen. Die Straßenzüge waren qualmende Trümmerhaufen, die Rennbahn gab's nicht mehr. Hells Mutter war in einem Schulsaal mit vielen Menschen untergebracht: »Du kommst jetzt mit in die Oberstraße, ich organisiere das schon.«

Aber ich hörte Hell gar nicht richtig zu.

»Wo ist Cognac?«

»Du weißt doch, man darf Tiere nicht mit in den Luftschutzkeller nehmen, ich habe ihn in der Wohnung gelassen.«

Wie Hell seine Mutter in die Oberstraße brachte, weiß ich nicht, ich rannte durch die Straßen und suchte Cognac. Ich fragte jeden, und viele hielten mich für bekloppt, in einer solchen Situation, in der 40 000 Hamburger den Flammen zum Opfer fielen, nach einem Hund zu suchen. Aber andere, die selbst ein Tier verloren hatten, erzählten mir von ihrer Suche. Es kam neuer Alarm, wir wurden in Bunker getrieben, wieder die Warnung vor dem brennenden Phosphor. Schließlich eine Frau, die mitten in den Trümmern an der Horner Rennbahn saß und mir einen Hinweis gab: »Als man die Pferde aus den Boxen an der Rennbahn rettete, sind einige wieder in wilder Panik zurück ins Feuer gelaufen – vor ihnen liefen ein paar Hunde.«

Cognac, ich habe dich nie wiedergesehen, aber ob du nun dabei warst oder nicht, ich bin mit dir in dieser Nacht gerannt und gestorben. Nach dir konnte ich nie mehr ein Tier haben.

Ende 1943 bekam ich von Schmidt die Mitteilung: »Unser Arbeitsverhältnis müssen wir leider beenden. Natürlich vierwöchige Kündigungsfrist.« Wer Augen hatte, zu sehen, der wußte, daß dieser Krieg nur noch eine Frage der Zeit sein konnte. Man wußte aber auch, daß die Juden deportiert waren und nun die »Mischlinge« und die Fremdarbeiter, die ja zu Tausenden zwangsweise nach Deutschland geholt wurden, an den gefährdetsten Punkten eingesetzt wurden, nämlich im Bereich Munitionsherstellung und Kriegsfabrikation. Das waren die Bombenziele.

Natürlich schoß mir sofort wieder der Gedanke an Krümmel durch den Kopf.

»Aber warum die Kündigung, Herr Schmidt? Jetzt bin ich doch noch gefährdeter.«

»Es tut mir ehrlich leid, aber der Abraham ist gekündigt, und Sie wissen, daß sie mir nahesteht. Ich stelle sie bei mir ein, aber zwei Mischlinge kann sich auch unsere Firma nicht leisten.«

Dazu konnte ich wirklich nichts sagen.

»Aber ich weiß etwas, das Ihnen vielleicht hilft. Eine unserer besten Kundinnen ist doch Frau Baake-Scherping. Die hat einen noch wichtigeren Betrieb als wir, sie macht Fallschirmeinfassungen, die mag Sie, versuchen Sie es mal.«

Ja, der hatte ich manches Mal geholfen, wenn sie Schwierigkeiten mit ihren Maschinen hatte. Dann bin ich bei Schmidt ins Lager, habe – mit Charme und Scherz – gesagt: »Kinder, ich hab' was versiebt. Diese Liste mit Ersatzteilen, macht mir die um Gottes willen fertig, sonst macht mich der Alte oben zur Schnecke.«

Worauf alle gelacht haben, und nach einer Stunde konnte ich mein Zeugs abholen. Das hat die Baake-Scherping oft mitgekriegt, und sie hatte sich manches Mal darüber amüsiert.

Ich ging sofort zu ihr, sie hatte ihr Büro am Jungfernstieg. Ohne Umschweife habe ich meine Geschichte erzählt und gefragt, ob sie mich brauchen könne. »Sonst werde ich von der Gestapo eingesetzt.«

Sie sah mich ruhig an. »Herr Schmidt möchte mir die Papiere bis 30. des Monats verschlossen schicken. Sie sind bei mir zu denselben Bedingungen eingestellt. Einige Male in der Woche werden Sie auch an der Schrägbandmaschine arbeiten müssen, denn wenn jemand im Betrieb krank wird, muß jeder für jeden einspringen können. Pünktliches Liefern ist für unsere Luftwaffe lebenswichtig.«

Über eineinhalb Jahre war ich in ihrem Betrieb.

Es war ungefähr der 30. April 1945, als sie mich rufen ließ und sagte: »Sie wissen natürlich alles über die Verhandlungen Hamburgs mit den Engländern – also, gratuliere, Frau Rudolph, Sie haben es überstanden.«

Ich glaube, ich habe dagestanden wie »Lot's Weib«. Ich hatte nie gemerkt, daß sie irgend etwas von meinem Privatleben wußte. Sie hat übrigens alles gut überstanden, zwar wurde ihr Betrieb zunächst dichtgemacht – von wegen Parteigenossin –, aber sie konnte so viele »Persilscheine« beibringen, auch den meinen, daß sie nach einem Jahr wieder eröffnen konnte. Sie hatte bei Menschen Schicksal gespielt, nun half das Schicksal ihr. Die zwei Seiten einer Medaille.

Die Bomben hatten auch vor dem Haus Scheffelstraße nicht haltgemacht – das Haus war niedergebrannt. Aber auch hier wieder meine »Bestimmung«, ich hatte gerade wieder mal eine Nacht illegal in der Oberstraße verbracht und deshalb ist mir nichts passiert. Aber alle meine Sachen waren futsch. Danach wohnte ich noch in Blankenese in einer Villa, die mir Hermann Gottlieb Schmidt ganz und gar angeboten hatte, weil sie sonst leerstand. Auch er hatte nämlich seine Familie evakuiert.

Die Infamie kannte keine Grenzen.
Und ein Wunder

Ich muß aber noch einmal meine Eltern und Harrys Schicksal ab 1942 schildern. Für sie gab es fast keine Freunde mehr – die meisten waren abgeholt worden, deportiert. Und die, die noch da waren, trauten sich kaum mehr auf die Straße. Die Infamie kannte keine Grenzen. Bei den Eltern war schon zweimal ein Parteigenosse aufgekreuzt und hatte im Beisein meines Vaters meiner Mutter geraten, sich scheiden zu lassen: »Sehen Sie, Ihr Mann ist Kriegsinvalide, ihm tut man nichts. Und Sie sind wieder ein freier, unbelasteter Mensch.«

Meiner Mutter fiel dann nur ein: »Aber privilegierte Ehen sind doch erlaubt ...«

Dann zuckte er die Achseln. »Wir werden sehen«, sagte er, lächelte vielsagend und verschwand.

Wenn wir Madka anriefen, versagte ihr vor lauter Weinen oft die Stimme. Jule ging gar nicht mehr ran, ich hörte ihn im Hintergrund sagen: »Grete, mach den Kindern nicht auch noch das Herz schwer.«

Dann kam das nächste »große Glück« für unsere Familie – Harrys schon erwähnter Rausschmiß aus der Wehrmacht. Ironie des Schicksals! Was als Schande gedacht war, war für uns Geschenk. Der Junge konnte nicht mehr »fallen«, der Krieg hatte ihn ausgespuckt, der Tod auf dem Feld der Ehre fand nicht statt. Dieses Glücksgefühl wischte die Depressionen der Eltern weg, plötzlich erwachte in Jule die alte Tatkraft wieder. Ich muß meinen Jungen retten, sonst stecken ihn die Nazis ganz bestimmt – wie viele »Mischlinge« – in eine Munitionsfabrik in die unterirdischen Lager irgendwo im Erzgebirge, wo auch die Fremdarbeiter eingesetzt wurden. Man hörte häufiger davon. Und er schaffte wirklich das scheinbar Unmögliche. Ein alter Freund aus der Tabakwarenbranche, Herr Schweizer, ein Grossist, ließ ihn nicht im Stich: »Ist Harry immer noch so blond und blauäugig? Meysel hast du Massel, daß der nach deiner Frau geschlagen ist.«

Mein Jule war über solche Reden keineswegs beleidigt, er hörte gar nicht mehr hin. Hauptsache, sein Junge wurde gerettet.

Und das wurde er. Im Hotel Kaiserhof ganz in der Nähe der Reichskanzlei, wo alle Nazigrößen verkehrten, wurde Harry von Herrn Schweizer als Verkäufer eingesetzt – blond und blauäugig wie er war. So überlebte er die Jahre fast wie im Zentrum eines Wirbelsturms – denn keiner kam überhaupt auf die Idee, sein »Ariertum« in Frage zu stelln.

Harry und Herta wohnten zu der Zeit in einem möblierten Zimmer im 4. Stock. Sie kamen häufiger abends bei den Eltern vorbei – und Jule und Madka lebten wieder ein wenig auf. Allerdings mehrten sich jetzt die Fliegeralarme. Madka ging in den Keller, Jule durfte nicht, einige Mieter hatten sich über den Juden beschwert. Auch das machte meinem Vater nichts aus, im Gegenteil, er machte seine Witze darüber: »Soweit kommt das noch – alle Bewohner des Hauses Luitpoldstraße sind im Keller verschüttet, tot, aber einer lebt – das ist der Jude im 2. Stock.«

Aber jetzt komme ich zum Wichtigsten! Zu einem Wunder, zur Rettung meines Vaters. Seine frühere Sekretärin, Trudchen Meincke, besuchte die Eltern manchmal, brachte ihm Zigarren und Zigaretten, und jedesmal sagte sie: »Hören Sie mir gut zu, ich meine es ernst. Falls etwas passiert – kommen Sie nach Müggelheim, bei uns ist noch nie 'ne Bombe gefallen. Und so klein unser Häuschen auch ist – für Sie ist immer Platz. Sie waren der anständigste Chef, den es je gab – jetzt können wir uns revanchieren.«

Als die Angriffe auf Berlin immer schlimmer wurden, Harry auch bei sich im Haus als Luftschutzwart eingesetzt wurde, war folgendes ausgemacht: Wenn etwas passiert, versucht jeder, sich nach Müggelheim zu Trudchen durchzuschlagen.

Der Tag kam. Madka war bei einer Freundin. Und wie das so ist: »Grete, bleib noch, wir bringen dich nach Haus.«

Als sie schließlich losgingen, gab's Alarm. In den Keller, wieder rauf, Madka wollte allein nach Haus: »Die paar U-Bahn-Stationen schaff' ich schon.«

Irrtum – nach kurzer Zeit wieder Alarm.

Und nun saß sie fest, denn Berlin brannte. Was meine Mutter nicht wußte, war, daß das Haus in der Luitpoldstraße einen Treffer bekommen hatte.

Mein Vater, bei Gefahr die Ruhe selbst, nahm seine Aktentasche – sie war immer griffbereit gepackt mit den wichtigsten Dingen, schlich sich aus dem brennenden Haus, vorbei an den Menschen, die versuchten, zu löschen. Er ging unbehelligt durch die brennenden Straßen, kein Mensch kümmerte sich um ihn. Ein Kriegsinvalide, na und? Sucht sicher auch seine Angehörigen.

Der liebe Gott hat seine Hand über ihn gehalten. Nach zwei Tagen kam er in Müggelheim an, ca. 20 Kilometer von Berlin entfernt. Was dann kam, hat mir Trudchen Meinecke später immer wieder erzählt:

»Stell dir vor, Inge, ich komme nichtsahnend nach Hause, sitzt da auf der Eingangsstufe ein Mann mit einer Aktentasche zwischen den Beinen und schläft. Ganz fest, ganz tief, schläft der den Schlaf des Gerechten. Ich habe ihn wachgerüttelt: ›Mein Gott, Meysel, hier sieht Sie doch jeder.‹ Er, ganz verschlafen: ›Trudchen, keiner guckt mehr nach dem anderen, alle haben mit sich genug zu tun.‹«

Zwei Jahre hat mein Vater im Keller dieses kleinen Häuschens zugebracht. Kleines Häuschen? Ich hatte mich schon immer gewundert, daß es nicht bereits beim Überfliegen der Verbände zusammenbrach. Wenn Alarm war und die Bewohner Müggelheims in den Luftschutzbunker rannten, konnte er nach oben gehen und frische Luft schnappen. Wie heißt es so schön? Dem einen sin Uhl ist dem andern sin Nachtigall.

Einmal in diesen zwei Jahren habe ich ihn dort heimlich besucht, aber Harry und Herta fuhren manchmal raus, bepackt mit allen Eß- und Rauchwaren, derer sie habhaft werden konnten. Aber auch ihre Besuche waren gefährlich, und natürlich nicht nur für unsere Familie, sondern besonders auch für Trudchen Meinecke und ihren Mann, der zwischendurch mal auf Urlaub aus Rußland da war. Hätte man sie entdeckt – sie wären als Volksverräter und Saboteure hingerichtet worden. Trudchen – nie konnten wir dir genug danken! Was wir auch taten, nie genug!

An dieser Stelle muß ich einfach mal sagen, daß wirklich auch sonst nicht alle Deutschen Nazis waren, und nicht alle nur ängstliche Mitläufer. Unendlich viele »Volksgenossen« setzten für andere ihr Leben aufs Spiel. Meine tiefste Verbeugung vor ihnen. Und wenn ich nur an den 20. Juli 1944 denke, den Tag des leider mißlungenen Attentats auf Adolf Hitler, an die Männer, die Nazideutschland vernichten wollten, um Deutschland zu retten. Sie stehen bei mir auf dem höchsten Podest, sie sind wirkliche Helden. Ich bin der Meinung, man sollte ihre Namen, ihre Lebensgeschichten in die Lehrpläne der Schulen aufnehmen – über sie etwas zu wissen ist wichtiger als die Krönungsdaten Karls des Großen! Und wieviel Menschen, tausende, nein hunderttausende, wären gerettet worden!

In der Nacht, als die Luitpoldstraße den Treffer bekam, kam meine Mutter erst am frühen Morgen aus den diversen Bunkern zurück. Die halbe Straße brannte, das Haus brannte, die Wohnung war weg, Jule war weg. Sie rannte sofort zu Harry und Herta, und sie beschlossen: »Erst mal bleibst du ein paar Tage bei uns und dann fährst du zu Inge. Dort rührst du dich nicht, beantragst in Hamburg keine Lebensmittelkarten, bist für kein Amt, keine Polizei mehr da. Inge wird dich schon sattkriegen.«

Der Hintergrund, Harry hatte Angst, man könne unsere Mutter nach Jule ausfragen. Wie lange würde sie einem Verhör standhalten?

Eine Woche später kam Madka bei mir in Blankenese an und blieb. Schicksal einer Familie im Deutschland jener Tage? Sohn dienstverpflichtet, Tochter dienstverpflichtet, Vater versteckt im Keller, Mutter versteckt bei der Tochter.

Jedenfalls stand Madka eines Tages bei mir vor der Tür. Kurz darauf ein Anruf von Harry mit dem ausgemachten Stichwort, das besagte, »Jule ist in Sicherheit«. Was man damals halt so Sicherheit nennen konnte.

Aber zurück zu meinem Hell. 1944 wurden alle Theater geschlossen, die Schauspieler wurden erst mal nach Haus geschickt, aber Trugschluß – plötzlich kam die Einberufung, zunächst Kaserne

Hamburg-Rahlstedt. Täglicher Drill, acht bis zehn Mann auf jeder Stube. Gott sei Dank lag Hell zusammen mit Edu Marks, Robert Michal, Charlie Bock – alle vom Hamburger Schauspielhaus. Sie versuchten, den Kasernenhofton zu vermenschlichen, machten Witze, nahmen sich auf die Schippe – Hell machte nicht mit. Er »verkümmerte« regelrecht, aß auch nichts mehr. Wenn Gas oder Elektrizität da war, habe ich Nacht für Nacht für ihn gekocht. Das war wirklich bisweilen eine Kunst, aber irgend etwas habe ich immer zurechtgekriegt.

Jeden Tag nach der Arbeit brachte ich ihm, in Zeitungspapier dick eingewickelt, was Warmes. Marks und Michal waren besorgt um ihn: »Inge, er muß sich anpassen!«

Aber Hell wollte einfach nicht mehr. Er wurde immer einsilbiger, er – ich möchte fast sagen – »ging ein«. Jeder zweite Satz war: »Laß uns Schluß machen. Du hast doch die Kapsel, die reicht für uns beide, es lohnt sich nicht mehr.«

Und wenn ich sagte: »Hell, wir müssen jetzt durchhalten, glaub' mir, es ist kurz vor zwölf, die sind am Ende« – dann blickte er ins Leere und sagte: »Du mußt gehen, Madka wird sonst unruhig.«

Eine schreckliche, für uns ausweglose Situation.

Dann ging alles sehr schnell. Die Männer der Rahlstedter Kaserne wurden nach Dänemark abkommandiert – zum Einsatz, wie es hieß. Mein Herz blieb stehen, dachte ich jedenfalls. Aber so leicht hört kein Herz auf zu schlagen. Sie hatten es geschafft, wir wurden getrennt.

Nicht, daß ich mißverstanden werde – ich wußte schon, wir waren kein Einzelschicksal. Tausenden, Millionen Menschen, die sich liebten, war es so ergangen. Millionenfaches Leid auf der ganzen Welt wegen eines verbrecherischen, größenwahnsinnigen Menschen.

Hell und all die anderen, die nach Dänemark gebracht wurden, haben überlebt. Der Krieg war zu Ende, ehe sie zum Einsatz kamen. In endlosen Märschen trieben die Engländer sie nach Eiderstedt, sie lagerten bei Regen und Sonnenschein auf den Feldern unter freiem Himmel, bis genügend Zelte zusammengebracht werden sollten. Sie wurden nie zusammengebracht.

Eines muß man sagen,
zur Ehrenrettung dieses Berufes ...

1944 wurden in Deutschland sämtliche Theater geschlossen und die meisten Schauspieler wurden eingezogen. Aber wer von den Mimen wollte schon an die Front? Denn eines muß man zur Ehrenrettung dieses Berufes sagen: es gab wenige Nationalsozialisten unter den großen Schauspielern, die Parteimitglieder lassen sich mit einer Hand abzählen.

Im »Deutschen Theater« in Berlin war nun unter den vielen auch der Schauspieler Karl John betroffen, seit unserer Begegnung bei Jeßner waren wir in Verbindung geblieben, ich schätzte ihn schon damals als politisch integren Menschen. Und nun sollte er noch in diesen sinnlosen Krieg – seit 1944 wußte eigentlich jeder, daß der Krieg verloren gehen mußte. Nur, wie konnte er es anstellen, noch einmal davonzukommen?

An einem Vormittag ging Karl John die Treppe des Bahnhofs Savignyplatz hinunter – er stürzte und blieb liegen. Blut floß aus seinem Mund. Ein junger Arzt, der gerade die Treppe heraufwollte, sprang zu ihm und rief: »Um Gottes Willen, schnell, einen Unfallwagen.«

Alles rannte, bis plötzlich eine Stimme ertönte: »Lassen Sie mich durch.«

Es war ein SS-Mann von hohem Rang, ebenfalls Arzt. Er beugte sich herunter – »Lassen Sie mal sehen« – und drehte den Kopf vorsichtig zur Seite: »Mein Gott, das ist ja Karl John, der Schauspieler Karl John.«

Und sofort gab er den Befehl: »Ich nehme den Mann mit in mein Lazarett, Platz machen.«

Karl wurde in den soeben vorgefahrenen Krankenwagen verfrachtet und man kann nur noch sagen: ab ging die Post. Nur er und sein Freund, der junge Arzt, mit dem alles verabredet war, werden wissen, was seinerzeit in ihnen vorging.

Aber das Erstaunlichste an der Geschichte kommt noch. Der SS-Oberarzt, ein durchaus tüchtiger Arzt, tat alles, um Karl John aus

Karl John

seinem »Koma« zu erwecken: Spritzen, Elektroschocks, usw. – aber nichts, keine Reaktion, der Patient sah nur leer vor sich hin. Also, wie Johnny das durchgehalten hat, mit welcher Konzentration und Standfestigkeit, beinahe unmenschlich, diese Kraft!

Nach Wochen schickte man ihn mit einem Verwundetentransport nach Oberstdorf, in ein Lazarett für Rekonvaleszente. Dort wurde er – welch' Wunder – immer noch lächelnd, aber geistig völlig abwesend, der Liebling aller Schwestern. Sie gingen mit ihm spazieren und nahmen ihn sogar beim Einkaufen mit.

Eines Tages, als eine Schwester gerade etwas kaufte, hörte er einen Verkäufer sagen: »Nein, Frau Zuckmayer, wir haben Ihnen schon allein Ihres Alters wegen mehr gegeben, als Sie bekommen dürfen, es tut mir leid, auch wenn Ihr Mann krank ist.«

Und nun tat Johnny wirklich etwas, was dieser verrückte anständige Kerl wohl tun mußte – er offenbarte sich einer Krankenschwester, sie bekam die Adresse heraus, und es waren wirklich die Eltern des Dichters Carl Zuckmayer.

Bei Karl John gab es nun kein Halten mehr, er entwickelte im Lazarett einen riesigen Appetit – alles atmete auf, der John wird wieder gesund – und klaute, wo er nur konnte: Brot, Butter, Gemüse, Fleisch – alles, alles gab er den Zuckmayers. Sie faßten es nicht, jeden zweiten Abend klingelte es bei ihnen, und wenn sie aufmachten, lag nur ein Päckchen vor der Tür. Und obwohl der Vater Zuckmayers sehr geschwächt war, sie haben dadurch überlebt!

Als der Krieg vorbei war, tauchte John bei ihnen auf – ich wäre gerne dabeigewesen.

Carl Zuckmayer kam 1946 aus dem Exil in Amerika zurück und schrieb dann dieses großartige Stück »Des Teufels General«.

Er und der Retter seiner Eltern hatten sich angefreundet, und zum Dank schrieb er die Rolle des Widerstandskämpfers Oderbruch für Johnny in sein Stück. Und Karl John war großartig in dieser Rolle. Was Wunder!

Wir sind noch einmal davongekommen

Das Ende des Krieges aus meiner Sicht? Ich arbeitete weiter wie alle Bürger, die zu Hause geblieben waren. Wir hörten die Schreckensmeldungen: Dresden besteht nicht mehr, Köln zerstört, aber – oh Wunder! – der Dom steht. Und für Madka und mich natürlich immer wieder schrecklich: Berlin unentwegt unter Beschuß. BBC gab genaue Nachrichten, so wußten wir, was für Lügen uns auch jetzt noch aufgetischt wurden. Und dann gab die BBC durch: »Berlin in den Händen der Russen!« Das war damals nach den Nazis das nächste Schreckgespenst.

Der Führer soll tot sein, Goebbels soll tot sein. Gerüchte über Gerüchte.

Papa, Harry, Herta … Hoffentlich überleben sie, nun, da sie es geschafft hatten, die Nazis zu überleben.

Und Hamburg?

Am 3. Mai 1945 mittags gab das Radio durch: »Hello, this is Radio Hamburg, the station of the military government …« Der Krieg war für uns zu Ende, das Dritte Reich, die Nazis, der Schrecken – alles zu Ende. Wir packten im Hochkamp unsere Koffer, wollten so bald es ging in die Oberstraße. Auf die Idee, daß unsere Wohnung in der Oberstraße nicht mehr stehen könnte, kamen wir gar nicht. Aber erst mal vorsorgen, einkaufen, denn endlich konnten wir uns wieder auf der Straße sehen lassen.

Und beim Anstehn geschah's. Zwei Männer gingen an der Warteschlange vorbei. – »Helmut!« Käutner und ich fielen uns in die Arme, lachten, weinten. Fragen über Fragen. »Wo kommst du her? Wo ist Erika?«

»Inge, stell dir vor, Knuth und Titi sind auch hier, der Hinz und die Bessel, alle haben wir es geschafft, noch aus Berlin rauszukommen, wir müssen uns treffen.«

Wir tauschten unsere Adressen aus.

»Wo ist Hell? Inge, den brauchen wir unbedingt.«

»Du wirst lachen, ich auch.«

Mein Gott, was waren das für Glücksmomente.

Eines Morgens zogen dann Madka und ich mit einem Handwagen, den ich organisiert hatte, los, quer durch Hamburg. Das war nichts Besonderes, denn wer zog in dieser Zeit nicht mit irgend etwas durch die Stadt und suchte – meist vergeblich. Wir hatten Glück, das Haus stand! Die Oberstraße hatte alles überstanden, sogar die Fensterscheiben waren heil geblieben.

Von unserem dänischen Hauswirt erfuhren wir, daß man sich bei der dänischen Botschaft einen Schein holen konnte, damit die Engländer die Wohnung nicht requirieren konnten. Madka bekam ihn mit irrsinnig vielen Stempeln der Militärregierung anstandslos und Gott sei Dank rechtzeitig, denn kurz darauf wurde die Hochallee, Oberstraße, halb Harvestehude beschlagnahmt für die Besatzung. Wie hieß das Stück von Thornton Wilder? »Wir sind noch einmal davongekommen.«

Waren wir das wirklich? Wir wußten nichts von Jule, nichts von Harry und Herta. Ich gab eine Suchmeldung auf, denn der Rundfunk nannte jetzt täglich Namen von Menschen, die ihre Angehörigen suchten. Und nun saßen wir Tag für Tag vor dem Radio. Und dann, endlich, im Juni 1945 die Durchsage: »Julius, Harry und Herta Meysel grüßen innigst Grete und Inge.«

Nun gab es für Madka kein Halten mehr. Sie wollte nach Berlin, am liebsten sofort. Aber wie? Mit den Bahnverbindungen war es schlecht bestellt, und die Sektorengrenzen waren Grenzen, da konnte man offiziell nicht einfach so von einem Sektor in den nächsten kommen. Aber es gab die sogenannte »grüne« Grenze, das hieß, man schlich sich irgendwo durch die Wälder. Das war häufig ein gefährlicher Weg, denn nicht jeder, der seinen Dienst als hilfreicher »Lotse« anbot, war ehrlich – es gab viele Raubdelikte, viele Morde. Aber dennoch ließen sich die Menschen nicht abhalten, wieder zusammenzukommen.

So wollte auch Madka nichts sehnlicher, als endlich wieder nach Hause kommen. Und eines Tages kam ein »Kurier« von Julepa. Und Madka wollte sofort zu ihm hin. Sie »bestieg« mit dem Kurier einen überfüllten Zug, auf dem selbst die Trittbretter besetzt waren, und nach drei Tagen kam sie endlich in Berlin an. Sie waren irgendwo abgesprungen, hatten sich die letzte Strecke über Stock und Stein gerobbt. Und dann kam auch bei mir das verabredete Zeichen an: Madka in Berlin gelandet.

Die Sorge war ich los!

Plötzlich eine Mitteilung von Käutner: »Treff. Elbchaussee beim Verwaltungsdirektor vom Deutschen Schauspielhaus, Kulus.«

Das Theater war sofort von den Engländern requiriert worden.

Ich ging hin – wer Hamburg kennt, weiß, wie lang der Weg von der Oberstraße zur Elbchaussee ist, aber das war eben alles damals so. Wir waren ja froh, daß wir überhaupt wieder überall hingehen konnten! Und ich mußte Hells Interessen wahrnehmen, vielleicht wußte irgendeiner dort, wie man ihn aus dem Lager in Eiderstedt herausbekam.

Zunächst aber redeten alle nur von einem: Von Theatereröffnung. Thalia Theater in Asche, Altonaer Theater zerstört, Kammerspiele gab es nicht mehr. Bis jemand sagte: »Die Kirchen.« Und dann gab's ja noch das Gewerkschaftshaus am Besenbinderhof ... und und und. Schauspieler sind eben nicht unterzukriegen.

Mein vorrangiges Ziel war erst mal Hell. Gustav Knuth hatte eine Idee: »Du, da gibt es einen Senator für Kultur, Klee-Gobert, ich weiß nicht, ob der provisorisch eingesetzt ist, aber geh doch mal hin.«

Einige Tage später hatte ich ein 5fach gestempeltes Papier von ihm.

»Im Grunde ein Schmarrn«, sagte er, »aber wir Deutschen haben ja eine Vorliebe für amtliche Dokumente.«

Inhalt: »H. Rudolph, E. Marks, Ch. Bock, Rob. Michal sind aus der Gefangenschaft zu entlassen, ohne die der Hamburger Bühnenbetrieb nicht wieder aufgenommen werden kann.«

Von meiner Odyssee nach Eiderstedt will ich nichts erzählen, so »reiste« man damals halt. Jedenfalls landete ich nach vier Tagen, verdreckt und mit Blasen an den Füßen am Ziel. Mein Wille war ungebrochen, dafür mein Schulenglisch mehr als gebrochen. Ein holländischer Offizier in englischer Uniform sah sich mein »paper« an: »Why?« Ich erzählte ihm meine Geschichte, so gut ich konnte.

Sinngemäße Antwort: Bis jetzt haben die Nazis die Vorteile gehabt, jetzt wollen die Juden sie. Aus. Ich starrte ihn an, wurde ganz kalt, ganz starr und sagte: »Ich möchte Ihren Vorgesetzten sprechen.«

»Get out!«

So laut hatte mich nie jemand angeschrien, die ganze Baracke erschrak. Nun schrie ich: »Your General, help, your General!«

Dann war ich draußen. Aber ich blieb, und drei Tage bin ich jeden Tag mit meinem Schrieb zur Baracke gegangen, habe Stunde um Stunde immer wieder nachgefragt. Schließlich hatten sie von mir wohl die Nase voll, aber ich hatte Hell und Edu. Erst als wir Tage später auf einem Laster in Hamburg ankamen, bin ich wieder zu mir gekommen. Klee-Gobert, bei dem ich mich dann bedankte, konnte sich meinen »Erfolg« auch nur mit den schönen Stempeln erklären: »So was wirkt anscheinend auf der ganzen Welt – auch bei Alliierten.«

Hell und ich haben im Schnellverfahren geheiratet, 1945.

Dann bekam ich eine Mitteilung: Probe dann und dann, Rolle Schuldknechtsweib in »Jedermann«, Aufführung Anfang September in der St. Johanniskirche am Turmweg.

Ich begriff gar nichts.

Als ich hinging, war da noch eine andere »Neue« – Ida Ehre, »Volljüdin«. Sie sollte Jedermanns Mutter spielen. Es war alles wie ein Traum. Titi Lennartz kam: »Erinnerst du dich? Vor einem Jahrtausend habe ich dir gesagt ›durchhalten, eines Tages stehst du wieder oben‹.«

Die »tausend Jahre« haben vor der Geschichte 12 Jahre, 3 Monate, acht Tage gedauert. – Vor der Geschichte noch nicht einmal ein Atemzug – für mich eine Ewigkeit!

Wir beiden »Neuen« – die Ehre und ich – wurden engagiert. Mein zweites Schauspielerleben begann.

Zurück in meiner Welt

Die Proben waren zunächst gegenseitiges Kennenlernen. Als ich den Regisseur sah, traute ich meinen Augen nicht: Professor Liebeneiner. Professor des Dritten Reiches und vor Monaten noch leitender Mann der UfA.

Dann sprach mich jemand an: »Guten Tag, wir kennen uns doch, Ritter, Gerhard Ritter.«

Ich dachte, ich werde verrückt. Ritter, Leipzig, »mit einer Jüdin will ich nicht auf einer Bühne stehen«.

Ich bin zu unserem »Jedermann« gegangen, zu Werner Hinz, und hab ihm gesagt: »Tut mir leid, Werner, ich bin hier auf der verkehrten Beerdigung. Hier hast du meine Rolle zurück, ich spiele nicht.«

Und draußen war ich.

Am Abend kam Dr. Bünte (damals Dramaturg am Schauspielhaus), der die Leitung hatte. Wir sprachen miteinander – ohne Resultat: »Unter diesen Umständen kann ich nicht spielen.«

Zwei Tage später bekam ich meine Rolle zurück. Herrn Professor Liebeneiner war die Regie durch Fernschreiben aus Berlin verboten, er sei belastet. Dr. Bünte übernahm die Regie. Und Ritter? Es stellte sich Erstaunliches heraus: Er hatte 1939 seinen Parteiaustritt aus Gewissensgründen erklärt und sein Parteiabzeichen aus religiösen Gründen zurückgegeben. Für damals sehr mutig. Für mich war der Fall damit erledigt, nachtragend sind nur dumme Menschen.

In den nächsten Monaten habe ich sowieso noch derart viele »Wäschen« erlebt, daß ich mich gefragt habe, ob es überhaupt jemals Nazis gegeben hatte. Mein Gott, was hatten doch alle gelitten, was waren doch alle dagegen gewesen – ein Volk voller Widerstandskämpfer! Ich frage mich heute noch, wie die tollen Wahlerfolge der NSDAP zustandegekommen sind. Um ehrlich zu sein: Mir haben später nur noch die imponiert, die zu ihrer Vergangenheit gestanden haben, die zugaben, daß sie dran geglaubt haben.

JEDERMANN

Das Spiel vom Sterben des reichen Mannes

Erneuert von Hugo von Hofmannsthal

Inszenierung: Gerhard Bünte
Raumgestaltung und Kostüme: Karl Gröning
Musikalische Leitung: Wilhelm Brückner-Rüggeberg
Choreographie: Renate Guntermann

Dramatis Personae:

Gott der Herr	Hans Mahnke
Der Tod	Helmuth Gmelin
Der Teufel	Georg Mark
Jedermann	Werner Hinz
Jedermanns Mutter	Ida Ehre
Jedermanns guter Gesell	Erwin Linder
Der Hausvogt	Hans Fitze
Der Koch	Willy Schweisguth
Ein armer Nachbar	Wilhelm Kürten
Ein Schuldknecht	Erich Raufchert
Des Schuldknechts Weib	Inge Meysel
Die Buhlschaft	Sufanne v. Almaffy
Dicker Vetter	Fritz Wagner
Dünner Vetter	Eduard Marks
Der Vorsänger	Alfred Pfeifle
Der Spielansager	Gerhard Bünte
Erstes junges Fräulein	Edda Seippel
Zweites junges Fräulein	Karin Jacobsen
Drittes junges Fräulein	Helga Hedwig
Viertes junges Fräulein	Wilma Pleiß
Fünftes junges Fräulein	Helga Minnemann
Erster Gast	Kurt Condé
Zweiter Gast	Hans Ehrhardt
Dritter Gast	Ernst Pöttgen
Erster Knecht	Hans Thode
Zweiter Knecht	Horst Breitenfeld
Mammon	Gerhard Ritter
Werke	Annemarie Schradiek
Glaube	Maria Wimmer
Büttel	{ Willy Pfeiffer, Boy Gobert

1945 Als Schuldknechts Weib in *Jedermann* von Hugo von Hofmannsthal.
Hamburger Schauspielbühnen, Spielort: St. Johanniskirche

Die Proben waren für mich das größte Erlebnis – kein Wunder, nach zwölf langen Jahren durfte ich endlich wieder spielen! Es läßt sich kaum beschreiben, mit welchen Hemmungen und Beklemmungen und gleichzeitig von Lustgefühl durchseelt ich die Worte des Schuldknechtsweibs sprach: »Kannst du das sehn und stehst wie Stein?/Wo bett ich heut die Kinder mein?« Ich war trotz meines kleinen Auftritts bei jeder Probe von Anfang bis Ende dabei, ich war zurück in meiner Welt. Als ich auf der Generalprobe nach meinem Auftritt das Stück weiter ansah, stand neben mir ein junger, englischer Offizier, Käppchen schräg auf, Gerte unter den Arm geklemmt. Ich nahm ihn wohl wahr, aber das Geschehen vorn faszinierte mich.

Werner Hinz war glänzend. Dann kam die Buhlschaft, Susanne von Almassy, sie schritt durch das Kirchenschiff, und ich hörte den Engländer, der mit keinem Wort die Leistung von Hinz gewürdigt hatte, sagen: »Ist sie nicht wundervoll?«

Ich schaute ihn an: »Wer?«

Er sah mich gar nicht, schaute der Buhlschaft und ihrer Schönheit nach und sagte: »Na, sie! Wundervoll.«

Ich war fassungslos: »Ihnen geht es ja wohl nicht gut«, und ich schlich mich in die Reihe, wo die Ehre saß und flüsterte ihr zu: »Bitte drehen Sie sich mal um, wer ist der Bursche in englischer Uniform?«

Sie blickte auf, lachte: »Aber Meysel, das ist doch der Olden, ein prachtvoller Kerl, der versteht was von Theater! Zu dem müssen Sie ohnehin gehen, Sie brauchen eine Bescheinigung, daß Sie keine Nazivergangenheit haben.«

Hell mußte sofort zu ihm hin und sich solchen »Befreiungsschein« holen.

Auf seine zweimalige Aufforderung, mich zu melden, ließ ich ihm bestellen: »Ich habe mich selbst befreit.«

Am 1. September 1945 nachmittags um 4 Uhr war die Premiere von »Jedermann« in St. Johannis – es war ein großes Ereignis, die erste Premiere nach dem Krieg!

Kurz darauf gab die Ehre ein großes Fest für alle Schauspieler – jeder mußte zu essen und zu trinken mitbringen. Es begann um

Major John Olden

v. l. n. r.: Heinrich Böll, Helmut Käutner und John Olden

20 Uhr, zwei Stunden später hätten wir alle gehen müssen, denn ab 22 Uhr war Ausgangssperre (curfew genannt) bis 7 Uhr in der Früh, Alliiertengesetz. Aber natürlich feierten wir die Nacht durch, es wurde gegessen, getrunken, geredet, gelacht und geraucht. Zum Schluß auch noch die Kippen der Kippen. Und vor allen Dingen getanzt. Und so kam ganz unvermeidlich auch der englische Theateroffizier mit Frau Meysel-Rudolph zusammen.

Es wurde ein regelrechtes Streitgespräch mit viel Lachen, viel Ironie, wir haben uns richtig gegenseitig »fertiggemacht«. Und als er mir in der Früh sagte: »Nun haben Sie mich geschafft«, antwortete ich: »Ich kann mir das leisten, ich will ja nichts von Ihnen.«

Zu der Zeit stimmte das auch, und darin lag meine Stärke.

Und dann entwickelte es sich beruflich alles anders, als ich es mir vorgestellt hatte. Die Ehre und ich bekamen feste Verträge am Schauspielhaus, aber wir hatten nichts zu tun. Es wurde – unter Käutners Regie – »Der Widerspenstigen Zähmung« mit Hilde Krahl und Gustav Knuth im Besenbinderhof gegeben, es waren viele Stücke geplant, aber unsere beiden Namen fanden sich auf keinem Besetzungszettel. Ich ging zum Verwaltungsdirektor, beschwerte mich, denn wir bekamen immerhin seit nunmehr sechs Monaten achthundert Mark Gage im Monat – für nichts. Mir war klar, daß es sich um reine »Wiedergutmachungsverträge« handelte, und sowas konnte ich schon gar nicht leiden. Auf meine Beschwerde hin sagte er: »Bitte abwarten.«

»Abwarten? Gewartet habe ich tausend Jahre.«

Und es endete damit, daß ich ihm mitteilte, er könne sich meinen Vertrag an den Hut stecken.

So, nun war ich das, was ich am 3. Mai schon einmal war: Eine zwar erlaubte, aber engagementlose Schauspielerin. Zum ersten Mal gab's zu Hause Krach, denn Hell fand, so einen Vertrag löse man nicht. Major Olden war seiner Meinung. Er kam jetzt jeden Sonntag, den Gott werden ließ, mit Sandwiches unterm Arm, zu uns zum Frühstück. Trotz ihrer Belehrungen und Ratschläge blieb ich stur. Ich mußte ja nicht Theater spielen, ich konnte auch anderes arbeiten. Schließlich konnte ich Steno und Schreibmaschine, hatte mir in Buchführung einiges abgeguckt und reden konnte ich auch. Zur Verkäuferin mit Aussicht auf einen Direktriceposten würde ich es schon bringen!

Mitten in diese »Überlegungen« kam ein Anruf von Ida Ehre. Sie bot mir einen Jahresvertrag mit monatlich 1000,– Mark für eine Rolle in ihrem 2. Stück: »Quadratur des Kreises«. Ich konnte es nicht fassen – mein Zwickau-Erfolg! Wie lange war das her, daß ich mit diesem Stück Lorbeeren geerntet hatte? Die Proben für das Eröffnungsstück der Hamburger Kammerspiele begannen: »Leuchtfeuer« von Robert Ardrey. Natürlich hatte dieses Stück – wie alle folgenden, die sie an ihrem Theater spielte – John Olden besorgt. Auch das Theater in der Hartungstraße selbst hatte er für Ida Ehre freibekommen, es gehörte den Freimaurern. Die bekamen dafür von Hamburg ein großes Gebäude in der Moorweidenstraße. Sie war nun Direktorin oder, wie sie selbst liebenswerterweise sagte, »Prinzipalin« geworden. Kurz vor meinem Probenbeginn rief sie mich zu sich: »Inge, wir müssen tauschen, Sie spielen das dritte Stück, ›Familienleben‹. Darin sind Sie meine Gegenspielerin.«

»Nein, ich spiele die ›Quadratur‹.«

»Inge, ich habe eine ganz Junge gefunden, eine Achtzehnjährige, Käthe Ponto, die ist Idealbesetzung.«

»Aber Frau Ehre, mein Partner Lenschau ist genau so alt wie ich, und der Witz des Stückes ist: Alle Paare sind gleich alt.«

Ich kam nicht durch, sie blieb bei ihrer Entscheidung. Und da begriff ich, daß das Wort Prinzipalin etwas anderes bedeutete als Freundschaft. Was soll ich viel erzählen – ich gab auch diesen Vertrag zurück. Schließlich: Wort ist Wort, und wenn das nicht mehr gehalten wird, was hat dann noch Wert? So, nun war ich zum zweiten Mal meinen Vertrag los.

Langsam zogen mich auch meine wohlwollendsten Freunde auf: »Gratuliere, bald hast du die Hamburger Theater durch.«

Am härtesten ging der mit mir ins Gericht, der mir inzwischen doch ans Herz gewachsen war. John Olden. Und er war sich auch noch mit Hell vollkommen einig: »Wenn Inge so weitermacht, wird nie was aus ihr. Jedenfalls nicht am Theater!«

Das Thalia Theater war in den letzten Kriegstagen ausgebombt worden, das Ensemble spielte jetzt, 1946, in zwei durchaus geeigneten Sälen in der Schlankenreye und im Gemeindehaus Eppendorf. Im Frühjahr hatte sich das gesamte Ensemble Willy Maertens als Intendanten gewählt, Major John Olden gab sein o. k. Wie gut diese Entscheidung war, zeigte sich in den Folgejahren – Willy Maertens begründete den Nachkriegsruhm des Hamburger Thalia Theaters.

An einem Februarmorgen 1946 stand Willy bei uns in der Wohnung, er trug ein Textbuch unterm Arm. »Ich habe dir unser nächstes Stück mitgebracht.«

»Mir?« Das konnte doch nicht wahr sein!

»Ja, dir. Ich möchte, daß du bei uns spielst.«

Ich wußte nicht, wie mir geschah, denn nach meinen beiden Flops hatte ich alles, was Theaterspielen hieß, beiseite geschoben. Ich hatte auch so genug zu tun, nämlich organisieren, was das Zeug hielt. Wer diese Zeit erlebt hat, der weiß, was es hieß, 4 Menschen sattzukriegen mit dem Geld, das Hell verdiente. Und Schwarzmarkt war bei uns nicht drin, wir hatten nichts mehr zum Tauschen.

Willy gab mir das Buch: »Tartuffe« von Moliere.

»Nein, nein, nein, Willy, mit Versen geht bei mir gar nichts!«

»Inge, hör' doch erst mal zu, der Text ist übersetzt und bearbeitet von Ludwig Fulda, in gebundener Sprache.«

Fulda – seliges Andenken an das Berlin von 1932. Er war ein wirklicher Dichter, Jude, mußte damals auch Deutschland verlassen. Ich schluckte.

»Also, paß auf, du liest das Buch, morgen früh ist Probe und dann werden wir sehen.«

In der Tür drehte er sich noch mal um und sagte: »Ach ja, ich soll dich von Charlotte grüßen, du möchtest an die Adele Sandrock und an den Führer denken! Aber ob du das mit der Rolle im ›Tartuffe‹ schaffst?«

Rumms, die Tür war zu.

Die Weissagung. – Mein Gott – die Weissagung! Diese Geschichte muß ich einfach erzählen:

Es war 1943, da bekam ich eines Tages die Adresse einer Frau, die aus den Geburtsdaten weissagen konnte. Sie wohnte in der Agnesstraße, Alsternähe. Ich wollte wissen, wie es weitergehen würde und ging hin. Vorsichtshalber hatte ich mich optisch getarnt: kleines, dunkelblaues Kleidchen, weißer Bubikragen, Aktentasche, flache Schuhe, Florstrümpfe, und kein bißchen zurechtgemacht. Und die damals übliche Haarrolle. Ich stellte mich vor: »Guten Tag, ich bin Sekretärin bei Fichtel & Sachs in der Theaterstraße, und ich habe ein Angebot, mit sehr viel mehr Gehalt in die besetzten Gebiete zu gehen, aber ich habe meine kranke Mutter zu versorgen, und die wäre ganz allein, wenn ich weg müßte. Bitte sagen Sie mir, was soll ich machen?«

Und so weiter und so weiter. Sie fragte mich ein bißchen kreuz und quer, ich antwortete nur sehr wortkarg. Dann forderte sie mich auf, irgendeinen Satz und meine Geburtsdaten zu schreiben. Ich weiß es noch wie heute, ich schrieb den Anfang meines ersten Schulaufsatzes: »Am 20. März beginnt der Frühling – von den Bergen rinnt der Schnee.« Geburtsdaten: 30.5.1910, früh zwischen acht und halb neun in Berlin. Damit verschwand sie.

Was ich jetzt schreibe, ist in mein Gedächtnis eingebrannt. Außerdem erzählte ich alles haarklein am Abend den beiden Maertens, Hell und natürlich auch der Abraham.

Also: Sie kam nach einer halben Stunde zurück und sagte ganz sachlich: »Was sind Sie? Sekretärin bei Fichtel & Sachs?«

Sie schüttelte leicht den Kopf.

»Sind Sie musikalisch?«

Ich mußte lachen. Nein, musikalisch konnte man mich nun wirklich nicht nennen.

»Malen Sie?« – »Nein.«

»Sind Sie in irgendeinem Verein, haben Sie Lust, sich zu produzieren?«

»Nein.«

»Ja, dann liege ich bei Ihnen falsch. Auf jeden Fall meiden Sie in der nächsten Zeit Städte mit D – am besten, Sie bleiben in Hamburg bei Ihrer kranken Mutter. Mehr kann ich Ihnen nicht sagen. Oder haben Sie mich angelogen?«

Ich verneinte, wollte gehen, da gab sie mir einen Zettel: »Hier, ich habe Ihnen Ihre Wurzeln aufgeschrieben.«

Es waren viele mathematische Zeichen drauf. Dann sagte sie noch: »Übrigens – falls es Sie interessiert, wenn Sie eine künstlerische Ader gehabt hätten, hätte ich Ihnen eine große Zukunft vorausgesagt. Sie wären nämlich so berühmt geworden wie Adele Sandrock oder wie unser Führer. Aber anscheinend habe ich mich geirrt.«

Sie schob mich aus der Tür, aber als ich auf halber Treppe war, rief sie noch hinterher: »Übrigens, keine Bange, Fichtel & Sachs übernehmen Sie nicht.«

Daran mußte ich denken. März 1946.

Am nächsten Morgen stand ich dann pünktlich auf der Bühne – vier Wochen später war Premiere. Wie im »Tartuffe« üblich, hat der Titelheld das Schlußwort. Den spielte natürlich der Hausherr selbst. In der Generalprobe kam Charlotte mit einem Vorschlag: »Ich weiß nicht, Kinder, der Schluß ist nicht gut, da hört keiner mehr so richtig zu. Wie wäre es, wenn da noch mal was Freches käme? Die *Dorine* könnte doch einen Satz sprechen, der die Leute zum Lachen bringt.«

Willy Maertens war fassungslos: »Aber Charlotte, bist du denn wahnsinnig, ich habe doch den Schlußsatz, und der heißt: ›Es lebe der König.‹«

»Eben«, sagte Charlotte, »das ist ja grad das Langweilige. Hört mal zu, ich habe mir eben in der Garderobe was ausgedacht. Der Fulda ist tot und würde das Ganze ohnehin nicht übelnehmen. Also Willy: Die *Dorine* schiebt dich beiseite, hält den langsam zugehenden Vorhang fest und sagt halb kokett, halb drohend ›Ich bitte mir nun aus einen richtigen Applaus. Sonst erwecken Sie meinen Zorn, und wir beginnen das Stück noch einmal von vorn.‹ Inge wird das schon richtig hinkriegen.«

Willy wurde überstimmt – und der Lacherfolg am Abend der Premiere gab ihr recht.

Aus mir ist keine Sandrock geworden. Aber aus der unbekannten Inge Meysel schon ein wenig »*die* Meysel«.

1946 Als Dorine in *Tartüff* von Molière. Thalia Theater Hamburg,
Spielort: Haus Schlankenreye

Politisch ging in Hamburg alles gut – die Engländer waren eine faire Besatzungsmacht. Anders Berlin, um das ich mich natürlich sorgte. Die drei Westalliierten hatten eine andere Vorstellung von »Besatzung« als die Russen im Osten und führten 1948 bundesweit die Währungsreform ein, einschließlich der drei Sektoren Berlins. Dafür rächten sich die Russen auf eine ganz besondere Weise: Sie führten einen kalten Krieg, nämlich ohne Waffen. Am 24. Juni 1948 schnürten sie Berlin ganz einfach von der übrigen Welt ab, das neue Wort hieß »Blockade«. Alle Zufahrtswege wurden gesperrt, man wollte die Stadt aushungern. Und da begann etwas, was ich »Das Wunder Amerika« nenne. In einer beispiellosen Hilfsaktion schickten die Amerikaner – gemeinsam mit den Engländern – alle paar Minuten Flugzeuge nach Berlin, vollgepackt mit Nahrung und Medikamenten, mit Decken und Kleidung. Rund um die Uhr wurde Berlin versorgt. Und als sie zur Weihnachtszeit für alle Berliner auch noch Weihnachtsstollen schickten, da nannte man ihre Flugzeuge nur noch die »Rosinenbomber«. Wären die Amerikaner nicht gewesen, Berlin wäre ausgehungert worden, rettungslos. Es blieb den Russen schließlich, am 12. Mai 1949, nach fast 11 Monaten, nichts anderes übrig, als die Blockade abzubrechen. Um so geschockter war ich, als ich Mitte der fünfziger Jahre eine Aufschrift an einem Haus in Berlin las: »Ami, go home.« Es war und ist mir unbegreiflich, wann und warum dieser Haß entstanden ist. Haß auf ein Volk, das uns Berliner nachweislich gerettet hat. Ich verstehe es bis heute nicht.

In Hamburg verlief alles wie angekündigt. Am Sonntag, dem 21. Juni 1948, wurde die neue Währung eingeführt: Die DM. Jeder Bürger bekam 40 DM, das alte Geld war ab Montag ungültig. Umtausch zum Kurs zehn zu eins war nur bis zu einer bestimmten Höhe möglich, um Mißbrauch zu vermeiden.

Meine persönliche Währungsreform verlief ein wenig anders.

Wir hatten gerade für den damals Nordwestdeutschen Rundfunk (NWDR) eine Woche lang ein Hörspiel aufgenommen: »Unter dem Milchwald« von Dylan Thomas.

Und am Freitag, dem 19. Juni, rasten nun alle Schauspieler zum Sender – wir waren ungefähr fünfzehn –, um die Einheitsgage von

600 Mark abzuholen. Wir hofften, noch irgend etwas Eßbares damit ergattern zu können. Aber große Enttäuschung, die Kasse war geschlossen, wir wurden auf Montag vertröstet. Ich rief gleich früh an: »Gibt es die Gage auch zehn zu eins?«

»Kommen Sie persönlich her, aber bitte mit Ausweis.«

»Ausweis? Ich? Sie kennen mich doch.«

Ich lief sofort hin. Vor dem Kassierer stand schon Hans Quest: »Stell dir vor, der will meinen Ausweis. Dabei nennt er mich beim Vornamen. Verrückte Welt.«

Ich legte meinen Ausweis vor und sagte ironisch: »Ich werde für dich bürgen. Die tun ja so, als ob uns die 60 DM, die wir jetzt kriegen, zu Rockefellers machen.«

Ich drehte mich zum Schalter um – und wurde verrückt. Vor mir lagen sechs nagelneue Hundertmarkscheine: »Na, lohnt es sich nicht, dafür den Ausweis zu zeigen?«

Der Kassierer freute sich an unseren dummen Gesichtern.

Am ersten Tag der Währungsreform gab es in Hamburg ungefähr fünfzehn Schauspieler, die sich wie Millionäre fühlten.

Teil 2
1946 bis heute

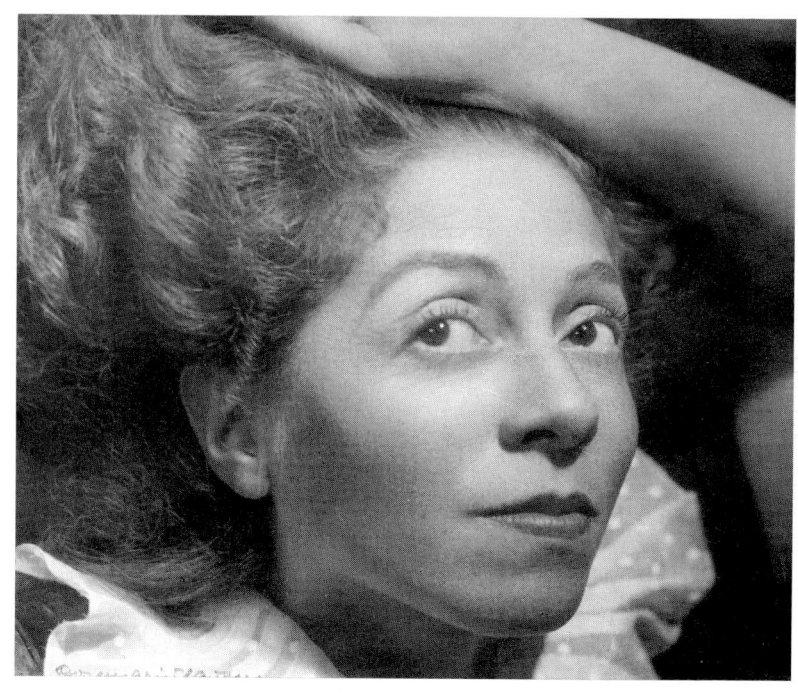

Die ersten Bilder, die eine große Photographin, Rosemarie Clausen, 1946 von
einer damals noch fast unbekannten Schauspielerin machte

Mit der Bitte um Nachsicht ...

Bevor ich nun die Jahre von 1946 bis heute versuche zu schildern, muß ich sagen, daß ich natürlich nur einen Bruchteil von Theaterstücken und Drehbüchern nennen kann, die ich gespielt habe. Würde ich alles aufzählen, kämen Goethes gesammelte Werke heraus, und wer will das schon!

Darum bitte ich Sie, liebe Leserin, lieber Leser, seien Sie nicht enttäuscht, wenn Sie manches nicht finden, was gerade Ihnen im Gedächtnis geblieben ist.

In den Jahren 1946 bis ungefähr 1970 bestimmte der Intendant eines Theaters, natürlich in Absprache mit dem Regisseur, wer im Ensemble welche Rolle bekam. Daß man, wie heute üblich, »ja« oder »nein« zu einer Rolle sagen kann, nein, diese Freiheit hatten wir nicht. Aber ich persönlich kann mich wirklich nicht beklagen, ich bin von meinen Intendanten und Regisseuren verwöhnt worden, ich meine, daß sie mich künstlerisch aufgebaut haben, wofür ich ihnen dankbar bin. Ein Schauspieler kommt ja nicht »genial« auf die Bühnenwelt, sondern er muß geschubst, gestoßen, zurückgeholt, gebremst, geführt, geformt werden.

Ich bin sehr dankbar, daß man mich im Laufe meines Schauspielerlebens kreuz und quer im Garten der Möglichkeiten der Theater-, Film- und Fernsehlandschaft spielen ließ. Jede Rolle war und ist eine neue Herausforderung, denn eines darf nicht aufkommen, was tödlich für unseren Beruf ist: Routine.

Heute noch Dank dafür.

Ein neuer Aufbruch

Das Jahr 1946 schien ein Glücksjahr zu werden. Zwei Tage nach der »Tartüff«-Premiere lag auf meinem Garderobentisch die erste Kritik nach »tausend Jahren«: *»Die Paraderolle der Zofe Dorine lag bei ... lag? Nein, hüpfte, tänzelte, äugelte sehr keß, sehr beweglich mit Ingel Meysel.«* Und daneben lagen ein Drei-Jahres-Vertrag und das Angebot für eine neue Rolle: die Prossy in »Candida«. Nun hätte doch eigentlich »Friede, Freude, Eierkuchen« sein können, wie der Berliner sagt, denn was konnte ich mir mehr wünschen?

Aber das ließ das Schicksal nicht zu. Es bahnte sich eine Katastrophe an. Sie kam langsam aber unabwendbar, zuerst nicht bemerkbar: Meine gerade ein Jahr alte Ehe, nach dreizehn glücklichen Jahren des Zusammenlebens, bröckelte.

Wieso und warum? Es gab so viele Gründe.

Ich war nicht mehr die nur liebevoll dienende, immer für »ihn« da seiende Frau, sondern ich war wieder Schauspielerin, die ihre Kräfte fürs Theater brauchte. Ich hatte ja auch unendlich viel nachzuholen, zehn Jahre waren mir genommen worden. So kam ich natürlich nicht nach der Vorstellung gleich nach Haus, sondern ich zog noch mit den Kollegen weiter. Das war ja gerade das Wunderschöne, man konnte wieder feiern, fröhlich sein, ohne Ausgangssperre sich frei bewegen. Wie genoß ich das!

Hell hatte andere Proben, spielte in anderen Stücken, und da das Thalia Theater zu der Zeit in zwei Sälen spielte, die weit auseinanderlagen, sahen wir uns auch nicht im Theater.

Und Hell ging abends nie weg. Nach der Vorstellung ging er sofort zurück in die Wohnung. Seit der Soldatenzeit, besser gesagt, seiner »Kasernen«-Zeit, hatte er sich völlig verändert: Er kapselte sich von den Menschen ab und erwartete das eigentlich auch von mir. Er traute niemandem mehr, schloß keine Freundschaften. Er wurde zum Einsiedler.

Hinzu kam, daß mir etwas passiert war, was ich nicht für möglich hielt: ich hatte mich verliebt!

»Verkleinert nichts – noch setzt in Bosheit zu«, heißt es bei Shakespeare. Nein, betrogen habe ich Hell nicht, ich habe es ihm gesagt, wir haben gemeinsam nach Wegen gesucht. Die »Ursache« war der englische Theateroffizier, Major John Olden, mit dem Hell sich von Anfang an gut verstanden hatte.

Schließlich fanden wir eine Lösung: Wir bleiben alle drei Freunde, aber nur Freunde, das hieß, keine Ehe, kein Bett.

Fünf Monate haben wir durchgehalten, dann bat ich 1947 Hell um die Scheidung.

Anständig, wie er immer war, nahm er denselben Anwalt wie ich, nahm die Schuld auf sich (es galt ja noch das Schuldprinzip bei Scheidungen), und ich verzichtete auf jeden Unterhalt.

Dreizehn Jahre hatte diese Gemeinschaft gehalten, und ich habe sie weiß Gott nicht leichtfertig beendet. Meine Rechtfertigung? Die zweite Gemeinsamkeit hielt neunzehn Jahre, bis zum Tode meines geliebten zweiten Mannes John Olden.

Helmut Rudolph

John Olden

Wie kommen Sie auf alte Kühe?

Allein 1948 hatten wir vier große Premieren. »Also gut! Lassen wir uns scheiden« von Sardou, »Das unterschlug Homer« von Lomer, »Seit Adam und Eva« von Priestley und den »Hauptmann von Köpenick« von Zuckmayer. Zu dieser Zuckmayer-Premiere gibt es eine merkwürdige Episode.

Ich hatte die Rolle der Pleureusenmieze, ein leichtfertiges Flittchen. Es war eine kleine, aber prägnante Rolle. Nach der dritten Aufführung bekam ich einen Strauß blutroter Rosen, dazu einen Brief. In meinem ganzen Leben hatte ich noch nie einen solch schweinischen, perversen Brief gelesen. Es war von einem geschärften Messer die Rede, das mich langsam und mit viel Vergnügen »von unten nach oben« aufschlitzen sollte, so daß ich in der Farbe der Rosen verbluten würde. Ekelhaft. Wie immer in heiklen Situationen bekam ich zuerst einen Lachkrampf, rief dann aber doch John an, er möchte mich abholen.

Zwei Tage später die nächste Vorstellung Köpenick, wieder Rosen, wieder solch ein Brief. Ein Kind hatte das beim Portier abgegeben, »der Onkel hat gesagt, ich soll das herbringen und hat mir eine Mark gegeben«.

Willy Maertens holte die Kriminalpolizei. Und es stellte sich heraus, daß die gleichen Sträuße mit den gleichen Briefen – allerdings statt Messer war es bei ihr ein Beil – bei Ida Ehre in den Hamburger Kammerspielen angekommen waren. Ihre Briefe trugen Stempel aus dem Zug Hamburg–Münster.

Die Ehre und ich haben es überlebt, eines Tages hörte es auf, die Polizei hat nie etwas herausgekriegt.

Nachspiel: Jahre später sprachen Ida Ehre und ich noch einmal scherzhaft über den Vorfall. »Ida, wissen Sie noch, unser Mörder? Warum hat der sich kein junges Fleisch genommen, süße Lämmer? Warum wollte der alte Kühe?« Ich vergesse nie ihren erstaunten Blick: »Wie kommen Sie auf alte Kühe? Inge, er hat doch uns gemeint.«

1948 Als Pleureusenmieze in *Der Hauptmann von Köpenick* von Carl Zuckmayer. Thalia Theater Hamburg

1948 Als Cyprienne in *Also gut! Lassen wir uns scheiden* von Victorien Sardou.
Thalia Theater Hamburg

Ich spielte was das Zeug hergab

Am Ende der Spielzeit dann die bereits erwähnte deutsche Erstaufführung »Seit Adam und Eva« von J. Priestley, Regie Arno Assmann. Ein bezauberndes Stück und ein wahres Fressen für Schauspieler, denn vier Akteure hatten je fünf verschiedene Rollen zu spielen, und das hieß: In Windeseile umziehen, Perücken wechseln, sich mit ein paar Korrekturen umschminken. Es war kein Kabarett, es waren Menschenschicksale, die in kleinen Szenen aufgezeigt wurden.

Das Stück begann mit mir als Conférencière vor dem Vorhang. Allerdings hätte es beinahe nicht begonnen, denn ich trat auf und mir blieb der Atem weg. In der ersten Reihe saß Jürgen Fehling mit der Gorvin. Fehling – für mich ein Nimbus, der größte Regisseur, den es damals in Deutschland überhaupt gab. Noch heute können sich viele der jungen Regisseure, um ehrlich zu sein, auch manche ältere, eine Scheibe von ihm abschneiden. Und neben ihm saß »meine Julepa«. Nach »tausend Jahren« sah er mich zum ersten Mal wieder auf der Bühne, John hatte ihn heimlich aus Berlin geholt. Ich weiß nicht mehr, wie ich in den ersten Minuten überhaupt einen Ton rausgekriegt habe, aber dann war ich nicht mehr zu halten, ich spielte, was das Zeug hergab.

P.S. Es war ein großer Erfolg, wir behielten das Stück über zwei Spielzeiten im Spielplan.

1948 Als Conférencière in *Seit Adam und Eva* von John Boynton Priestley. Thalia Theater Hamburg.
Auf den folgenden Seiten: die vier Verwandlungen in *Seit Adam und Eva*

Als Zigeunerin und Wahrsagerin

Als die »hocharische« Bigotte, Typ »Scholtz-Klink« (Leiterin »des Deutschen Frauenarbeitsdienstes« seit 1934)

Als »französische« Verführerin

Als Schwiegermutter

Mein Vater Julius Meysel

Julepas Tod

1947 hatten wir uns wiedergesehen – die ganze Familie. Die Jahre hatten uns gebeutelt, aber wir hatten es überlebt. Nur jünger war keiner geworden. Meinen Julepa hatte es durch seine zwei Jahre dunklen und kalten Kellerdaseins am meisten getroffen.

Doch als Müggelheim im April 1945 durch die Russen befreit wurde, hat er sich für die Gastfreundschaft, denn viele der Nachbarn von Trudchen Meinecke hatten natürlich schon etwas mitbekommen, erst einmal bedanken können. Er erreichte bei dem russischen Kommandeur, daß das Haus von Trudchen und die Häuser in ihrer näheren Umgebung von der russischen Soldateska verschont blieben und auch keine der dort lebenden Frauen vergewaltigt wurde.

Was ihn selbst betraf, erwartete er natürlich eine Abrechnung mit den Nazis, den »Untermenschen«, die ihm nicht nur seine Gesundheit, seine Ehre, sondern auch sein Selbstbewußtsein gestohlen hatten. Nichts geschah. Er sah dieselben Menschen, die ihn und Madka bis aufs Blut gepeinigt und gequält, ihm sein Geschäft weggenommen hatten, wieder. Ungestraft, unbehelligt. Und alle hatten eine Ausrede:

»Mensch, wenn Sie wüßten, wie die Partei uns erpreßt hat, wie man uns auf die Finger geschaut, ja, gedroht hat.«

Alle waren plötzlich Opfer, keine Täter.

Und als wirklich Geschädigter rannte er sich die Hacken ab, um für sich und Madka eine Wohnung zu ergattern, aber erst 1947 bekamen sie eine. Die sogenannte »Wiedergutmachung«, die den Juden in Aussicht gestellt wurde, lehnte er nach diesen Erfahrungen ab. Er konnte sie von denen, die sich jetzt so verhielten »als wäre nichts gewesen«, nicht annehmen.

Und seine Branche? Ja, sie beschenkten ihn mit Zigarren und Zigaretten. Aber wieder eine eigene Gesellschaft? Da konnte ja der tüchtige Julius Meysel wieder Konkurrent werden!

Ende 1949 hatten Harry und er es doch geschafft. Aber sein geschwächter Körper machte nicht mehr mit, er hatte keine Widerstandskraft mehr.

Im Februar 1950 starb er – Julepa, ich weiß es: an Enttäuschung – noch keine sechzig Jahre alt. Und ohne seinen großen Wunsch erfüllt zu bekommen: Bei Herta und Harry war nämlich ein Baby unterwegs, und er sagte: »Den Enkel will ich erleben.« Nein, Jule, du hast ihn nicht erlebt. Außerdem – es wurden, wie immer bei den Meysels, zuerst Mädchen, Zwillinge. Juliane und Christiane. Juliane schaffte es nicht, sie starb. Aber Christiane ist unser aller Freude geworden.

Jules letzte Worte, die er Harry sagen konnte, waren: »Legt mich nicht in die kalte Erde, laßt mich verbrennen. Ich habe in meinem Leben zu sehr gefroren.«

Mit Julepa

172

Christiane, 17jährig

»Die tätowierte Rose«

»Madame Sans-Gêne« – dieses Stück hat mich verfolgt – unter Schroths Regie wurde es 1950 ein Riesenerfolg, später 1953 inszenierte es Kehlmann mit mir fürs Fernsehen, 1960 noch einmal Fernsehen, dieses Mal Regie John Olden. Jedes Mal hatte es eine andere Besetzung, aber immer kam es sehr gut an.

Das große Theaterereignis 1952 aber war das Stück »Die tätowierte Rose« von Tennesse Williams. Alle deutschen Theater rissen sich um die Erstaufführung, das Thalia Theater bekam sie. Der Grund dafür war, daß Leo Mittler, der Regisseur, mit Williams befreundet war. Er war übrigens der Schwiegersohn der größten Diva der deutschen Operette, von Fritzi Massary.

Mittler probierte, besetzte um, probierte wieder – so lange, bis er das Hauptrollenquartett zusammen hatte: Wolfgang Wahl, Klaus Kammer, Ingrid Andree, Inge Meysel.

Entgegen allen Ratschlägen – auch von Willy Maertens – besetzte er mich. »Mittler, warum die Meysel? Die spielt ein ganz anderes Fach, ein völlig anderes Genre.«

Aber er ließ sich nicht beirren. Danke, Leo, daß du gesiegt hast. Die Premiere wurde eine Sensation. Und eine Kritik schrieb: *»Das Thalia Theater hatte einen der größten Erfolge in seiner Geschichte, und die Meysel als Serafina im Mittelpunkt konnte fast unerschöpfliche Möglichkeiten zeigen. Es war einer ihrer größten Abende. Ovationen!«*

Der Zuschauerraum war mit Prominenz aus der ganzen Bundesrepublik besetzt, jeder wollte sehen, was wir daraus gemacht hatten.

Die größte Überraschung kam dann am dritten oder vierten Abend: Heinz Hilpert, einer unserer großen Regisseure – unter Reinhardt Oberspielleiter am Deutschen Theater Berlin, nach Reinhardts Emigration dort selbst Intendant –, zu diesem Zeitpunkt Intendant des Göttinger Theaters, war in der Vorstellung.

1952 Mit Ingrid Andree in *Die tätowierte Rose* von Tenessee Williams. Thalia Theater Hamburg

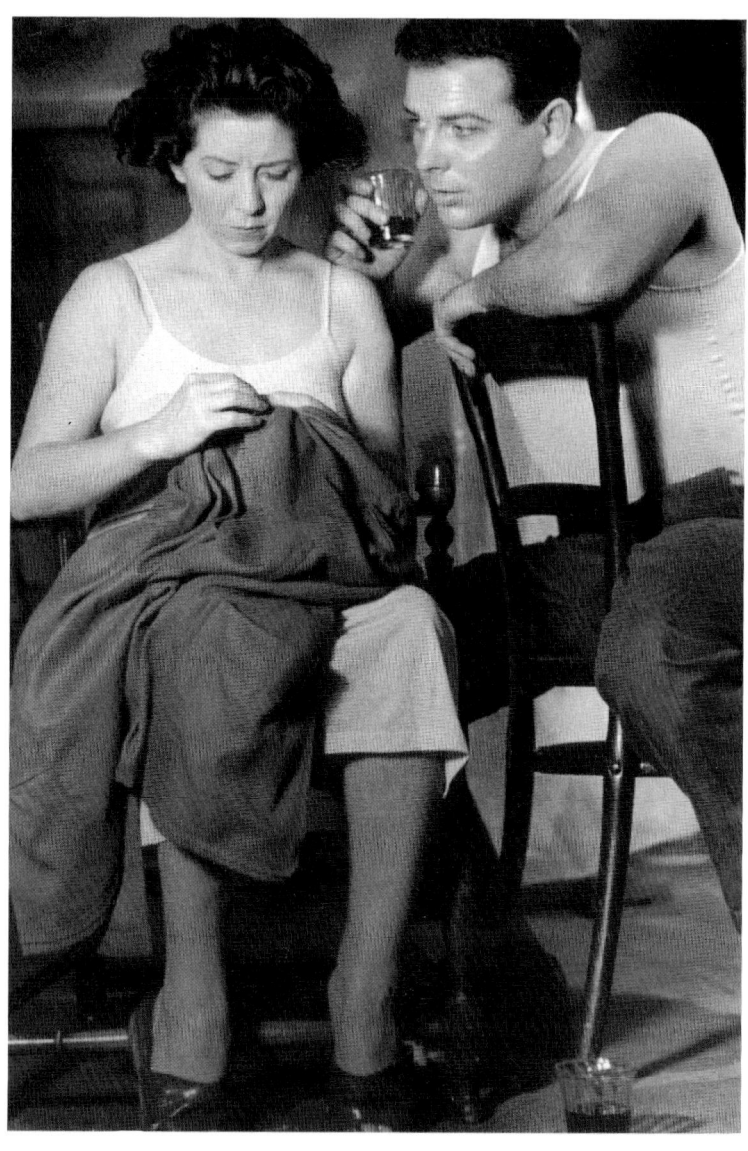

1952 Mit Wolfgang Wahl in *Die tätowierte Rose* von Tennessee Williams.
Thalia Theater Hamburg

Und er machte mir ein Angebot, das wirklich total aus meinem bisherigen Rahmen fiel. Für ein Jahr zu ihm nach Göttingen, Antrittsrolle: »Lady Macbeth« von Shakespeare. Der Partner als Macbeth: Walter Richter aus Zürich. Ich glaube, ich habe ihn unendlich dumm angesehen, aber er lachte und sagte auf gut berlinerisch: »Mädel, du hast das Zeug zu solchen Rollen. Weißt du, hier im Thalia Theater nähst du auf der Nähmaschine, aber du hast das Zeug zum Baggern. Überleg dir's, der Vertrag geht dir zu.«

Ich weiß nicht mehr, wie ich nach Hause kam, aber das Gesicht von John sehe ich noch heute vor mir: »Inge, das bedeutet ein Jahr Trennung.«

»Aber John, Shakespeare, die Lady!«

Am nächsten Morgen ging ich sofort zu Maertens: »Willy, bitte, gib mir ein Jahr frei, bitte. Willy, es ist die Lady Macbeth.«

Ich muß gestehen, er hat nicht einen Moment überlegt: »Gut, sagen wir Urlaub, ein halbes Jahr. Ich überlege inzwischen, wie wir dich nach deinem Durchfall als Lady in Hamburg wieder aufbauen können. Sieh' mal, jeder muß lernen, Niederlagen einzustecken.«

Doch auch dieser Hohn konnte mich nicht irre machen, ich sagte bei Hilpert zu.

Drei Monate später bekam ich das eingestrichene Buch mit der Mitteilung: Walter Richter aus Zürich könne nicht, Macbeth spiele nun Benno Sterzenbach. Ein guter Schauspieler, aber eben nicht Walter Richter.

Ich rief sofort in Göttingen an: »Aber Herr Hilpert, den Sterzenbach kenne ich, der ist niemals ein Macbeth.«

»Kleene, mach' keene Sperenzien. Wenn ik sage, er is ener, is er ener.«

Nein, so weit ging meine Liebe zu Hilpert nicht. Ich habe den Vertrag gelöst und blieb am Thalia Theater. Es ist mir nicht schlecht bekommen – der Lady wahrscheinlich auch nicht.

Aber ich muß ehrlich zugeben, ein kleiner Stachel ist geblieben. Oh! Lady Macbeth!

1951 Mit Heinz Rühmann in *Mein Freund Harvey* von Mary Coyle Chase.
Thalia Theater Hamburg

1949 Mit Willy Birgel in *Ich brauche Dich* von Hans Schweikart.
Thalia Theater Hamburg

1950 Mit Hans Lietzau in *Madame Sans-Gêne*

Nächste Doppelseite:
1950 Als Herzogin von Fanzig in *Madame Sans-Gêne* von Victorien Sardou.
Thalia Theater Hamburg

Und wie das so ist bei Erfolgen

In diesen Jahren spielte ich soviel, wie Schauspieler heute in einem Jahrzehnt nicht spielen. Wir hatten ja zwischen neun und zehn Premieren im Jahr, mit vier Wochen Proben. Das bedeutete, man lernte, probte, spielte, und während man spielte, lernte und probte, spielte man bereits das nächste Stück, usw.

»Lady Windermeres Fächer« erwähne ich nur, um die Prüderie der damaligen Zeit zu zeigen.

In der mit Publikum besetzten Generalprobe unterbrach Maertens die Vorstellung: »Frau Schulze!« Einige Reihen hinter ihm sprang die Kostümbildnerin auf. »Frau Schulze, den Busen von Frau Meysel kennen alle Abonnenten. Nun wollen wir die mal überraschen und verkleinern bitte den Ausschnitt.«

Aus dem Publikum kam ein: »Och nein«, aber Maertens nahm das nicht zur Kenntnis. Am nächsten Tag zur Premiere ging ich züchtig geschlossen.

So streng waren damals noch die Bräuche!

Das Jahr 1953 brachte mir noch eine berühmte Rolle, die Lona Hessel in »Stützen der Gesellschaft« von Henrik Ibsen. Leo Mittler inszenierte wieder bei uns, und er schenkte mir sozusagen die Rolle. Dabei sagte er: »Inge, streng dich an, bei der Uraufführung hat die Lehmann sie gespielt.«

Else Lehmann – ein Name für Schauspieler, gleich nach der Duse. Wieder war Wolfgang Wahl mein Partner. Über meine Ängste lachte er: »Packen m'ersch.«

Und wir packten es:

»Allen voran Inge Meysel, wenn sie mit ihrem Jungen Wolfgang Wahl auftritt, reißt der Sprengstoff ihres Herzens und ihres Mutterwitzes die Mottenkiste des Bernickschen Salons auseinander« (Karl Lothar Tank).

Unerklärlich war, daß durch die Premiere des Stückes »Meine beste Freundin« von John van Druten im Dezember 1954 am Hamburger Thalia Theater meine Berliner Zeit beginnen sollte. Ich hatte doch soviele bezaubernde Stücke wie »Bärenhäuter« von Paul Willems oder »Picnic« von William Inge mit meinem wundervollen Partner Klaus Kammer gespielt, für mich einer der genialsten Schauspieler, der durch einen Unglücksfall leider viel zu früh verstarb. Und nun wurde ausgerechnet ein übliches Boulevardstück der Auslöser.

Im Zuschauerraum saß Hans Wölffer, Direktor der schönsten Theater Berlins: Komödie und Theater am Kurfürstendamm. Und nach der Vorstellung kam er in meine Garderobe: »Meysel, das Stück spielen Sie bei mir in der Komödie. Ich habe schon mit Maertens gesprochen, er gibt Sie ab Februar für drei Monate frei, Premiere ist im März.«

Und so kam es auch: am 14. 3. 1955 hatten wir in Berlin Premiere. Regie: Eric Ode, meine Partner waren Alice Treff, Ingeborg Körner (noch heute eine meiner besten Freundinnen), Richard Häußler, Harald Juhnke. Es wurde, anders als in Hamburg, ein richtiger Erfolg.

Und wie das so ist bei Erfolgen – einer zieht häufig den anderen nach. Tage später nämlich rief mich der Schauspieldirektor vom Essener Staatsschauspiel, Hans Dietrich Kenter, an: »Meysel, ich war gestern abend in der Vorstellung, spielen Sie doch im Herbst bei mir Thornton Wilders ›Die Heiratsvermittlerin‹. Die Rolle der Dolly Lewin ist Ihnen doch wie auf den Leib geschrieben.« Ich fiel aus allen Wolken.

»Aber ich bin doch fest in Hamburg engagiert?«

Wir trafen uns, wir riefen Maertens an. Und der: »Ja, gut, aber nur, wenn du gleich nach der Essener Heiratsvermittlerin dieselbe Rolle bei uns spielst.«

Na, ist das ein Fressen für eine Schauspielerin! Und genauso geschah es.

Mit Ausschnitt ...   und züchtig geschlossen

1953 Als Mrs. Erlynne in *Lady Windermeres Fächer* von Oscar Wilde.
Thalia Theater Hamburg

1954 In *Ulla Winblad* von Carl Zuckmayer

1953 Als Lona Hessel in *Die Stützen der Gesellschaft* von Henrik Ibsen.
Thalia Theater Hamburg

1954 Mit Klaus Kammer in *Picnic* von William Inge.
Thalia Theater Hamburg

1955 Mit Alice Treff in *Meine beste Freundin* von John van Druten.
Komödie Berlin

1955 Mit Ingeborg Körner in *Meine beste Freundin*

1955 Mit Harald Juhnke in *Meine beste Freundin*

1967 Mit Gustav Knuth in *Ein Mann für Jenny* von William Douglas Home
(Tournee)

1956 Mit Lieselotte Walter und Horst Keitel in *Ein Mann für Jenny*
von William Douglas-Home. Komödie Berlin

»Im sechsten Stock«
– der erste große Fernseherfolg

Was meine Fernsehfilme betrifft, begann alles 1953 mit »Skandal um Peggy« von Dieter Rohkohl.

Sich selbst konnte man damals nach der Sendung leider nicht sehen, denn es wurde noch »live« vom Drehort übertragen, es war sozusagen »gefilmtes Theater«.

Aber 1955 fing es dann richtig an – mit dem Dauerbrenner des »Sechsten Stocks« von Alfred Gehri.

Der Erfolg der Sendung war so groß, daß ein halbes Jahr später noch »Neues aus dem sechsten Stock« und gleich anschließend das »Ende des sechsten Stocks« gedreht wurde. Da es auch hiervon noch keine Aufzeichnungen gab, wurde das Ganze 1957 dann noch einmal komplett neu gedreht und zwar mit anderer Besetzung. Und 1962 wurde daraus ein Film mit prominenter Besetzung, unter anderen mit Sabine Sinjen und Klausjürgen Wussow.

Mit dem »Sechsten Stock« begann auch die Karriere meines Mannes, denn bei diesem Fernsehstück führte er 1954 das erste Mal Regie. Niemand, auch er nicht, ahnte damals, daß ihn sein Können, seine Hingabe und seine Besessenheit eines Tages Oberspielleiter des NDR werden ließ.

1962 Mit Sabine Sinjen in *Im sechsten Stock* von Alfred Gehri (Kinofilm)

1962 Mit Klausjürgen Wussow in *Im sechsten Stock* von Alfred Gehri (Kinofilm)

Dieses Stück fährt mit

Die Heiratsvermittlerin Dolly Lewin war eine sehr begehrte Rolle: In Berlin spielte sie Grete Mosheim, in Düsseldorf Käthe Dorsch, in Frankfurt a. M. Edda Seippel, in Essen Inge Meysel.

Es waren die aufregendsten, spannendsten Proben, die ich je erlebt habe. In Berlin wurde das Stück ein Erfolg, dann kamen wir in Essen raus, einen Tag später Düsseldorf, drei oder vier Tage später Frankfurt – für die Kritiker natürlich ein »gefundenes Fressen«. Schulze-Vellinghaus schrieb am 21. September in der FAZ: *»Inge Meysel griff so resolut, so vielfarbig und mit so geistreicher Anmut in die Register, daß kein Wunsch offenblieb. Ja, daß auf Momente der Zauber Fritzi Massarys neu verlebendigt erschien.«*

Als das Stück drei Monate später am Thalia Theater in Hamburg gespielt wurde, schrieb Jürgen Althoff in der »Frankfurter Nachtausgabe«: *»Inge Meysels ›Heiratsvermittlerin‹ zählt zu den beglückendsten Begegnungen, die das deutsche Theater von heute zu vermitteln vermag, und wer so prominente Künstlerinnen wie Ruth Gordon in Edinburgh, Grete Mosheim in Berlin und Käthe Dorsch in Düsseldorf sah, wird Inge Meysel als die gültigste Besetzung der Rolle preisen.«*

Einige Tage nach der Premiere hatte Düsseldorfs Intendant Stroux angerufen: Frau Dorsch könne und wolle nicht mehr spielen, ob ich nicht ...

Der Essener Intendant Bauer, sonst ein ganz reizender Mann, erlaubte es nicht. Das Konkurrenzdenken war leider zu groß.

Im Herbst dann noch mal die »Tätowierte Rose« in Essen, diesmal als Partner mein alter Weggenosse aus Berliner Vorsprechzeiten, Karl John. Es war eine exzellente Aufführung, und zu Ehren Essens sei gesagt: kein Abklatsch der Hamburger Inszenierung.

Aber Berlin ließ mich nicht mehr los.

Wölffers nächste Premiere mit mir in der Berliner Komödie war »Ein Mann für Jenny«, ein entzückendes Boulevardstück. Habe ich nicht gesagt, daß Erfolge Erfolge nach sich ziehen? Dieses Stück

1955 Als Dolly Lewin in *Die Heiratsvermittlerin* von Thornton Wilder. Thalia Theater Hamburg

sah der Bürgermeister von Berlin, Dr. Suhr. Und als ein Jahr später Berliner Aufführungen nach Südamerika geschickt wurden – sozusagen als Berliner Gruß – bestimmte er: »Dieses Stück fährt mit.«

Noch eine Wölffer-Inszenierung aus dieser Zeit, die ebenfalls mit nach Südamerika kam: »Die Hose« von Carl Sternheim. In der Rolle des Theobald Maske – einfach wundervoll – Ernst Schröder. Und bezaubernd Ingeborg Körner als seine Frau Luise. Die Deuter, die geile Nachbarin, war ich.

Die dritte Inszenierung, die wir spielten, war dann noch Schweikarts »Ich brauche Dich«.

1955 Mit Heinz Klevenow in *Die Heiratsvermittlerin* von Thornton Wilder. Thalia Theater Hamburg

1955 Mit Hansi Lothar (rechts) und Rolf Nagel in *Die Heiratsvermittlerin* von Thornton Wilder. Thalia Theater Hamburg

Dann teile Bonn mit, wir heiraten

Berlin-Gastspiele in Südamerika: Rio de Janeiro, Montevideo, Porte Allegro, Buenos Aires, Sao Paulo.

Warum ich diesem Gastspiel, das von Bonn bezahlt wurde – ein kultureller Hauptstadtgruß aus Deutschland – ein Kapitel widme, hat rein persönliche Gründe. Es wurde nämlich aus einer Konkubine eine Ehefrau. Und warum? Aus Geiz.

Bonn rief an: »Frau Meysel, ›Die Komödie‹ teilt uns mit, daß Sie die Südamerika-Tournee nur machen, wenn Ihr Mann mitfährt.«

»Ja, eine so lange Trennung wollen wir nicht.«

»Aber Frau Meysel, Sie haben doch gar keinen Mann. Laut Ihren Papieren sind Sie unverheiratet.«

»Ich bin verheiratet seit genau elf Jahren, allerdings ohne Trauschein.«

Pause – eine noch größere Pause –, dann eine sehr höfliche Stimme: »Aber gnädige Frau, wir können doch nicht für ein Konkubinat zahlen.«

Ich rief sofort John an, er war mitten in Fernsehproben, erzählte ihm alles.

»Wie teuer ist denn die Reise, wenn ich privat mitfliege?«

»Ungefähr sechs- bis achttausend Mark.«

»Gut, dann teile Bonn mit, wir heiraten.«

So wurde ich sechs Wochen später eine amtliche Ehefrau.

Meine kleine »Rache«: Ich rief den sehr netten Herrn in Bonn am Tag nach der Hochzeit an und flötete durchs Telefon: »Darf ich Ihnen mitteilen, wir sind verheiratet. Und darf ich Ihnen noch mitteilen, die Nacht nach der Hochzeit hat sich in nichts von den Nächten vorher unterschieden – wir haben genau aufgepaßt.«

Wir fuhren, und der Empfang und der Erfolg waren überwältigend. Nein dieses Ausmaß hatten wir uns nicht träumen lassen. Es sind einfach andere Formen der Begeisterung als in unseren kühleren Graden. Am liebsten wären wir alle dageblieben!

Eine Episode ist mir unvergessen, weil sie symptomatisch für Südamerika ist: In dem Stück »Ein Mann für Jenny« trug ich im 3. Akt – von einem Empfang der englischen Königin kommend – über einem bezaubernden Abendkleid ein Nerzcape. 1957 war solch ein Stück bei uns noch eine teure Angelegenheit.

Wir hatten Generalprobe in Buenos Aires, und sofort nach Beendigung schoß ein Mann auf die Bühne: »Bitte, so geht das nicht. Diese entzückende Schauspielerin kann doch nicht in einem Dienstmädchenumhang gehen. Was glauben Sie, wo Sie sind. Buenos Aires ist eine Weltstadt mit 12 Millionen Einwohnern, da herrscht in den oberen Kreisen offensichtlich ein höherer Lebensstandard als bei Ihnen.«

Wir wußten überhaupt nicht, was dieser Mann wollte, aber dann erfuhren wir es. Es war Leon Blum, der größte Pelzhändler der Stadt.

Am Abend der Premiere – sie begann zu der dort üblichen Zeit um 22 Uhr – trat im 3. Akt des Stückes ein Zobel auf, Inhalt: Die Meysel. Aber der Zobel wirkte. Sein damaliger Preis: ungefähr zweihunderttausend DM!

Nächste Doppelseite:
1957 Die Überfahrt des Ensembles nach Südamerika

Die Mutter der Nation

Das Theaterstück, das mein ganzes Leben veränderte, war »Fenster zum Flur«. Und es war nicht einmal für mich geschrieben, ich war sozusagen nur »Ersatz«.

Es wurde einer meiner nachhaltigsten Erfolge.

Im März 1960 drehte mein Mann in Berlin einen Film mit Peter Kraus, ich hatte ihn begleitet. Wir wohnten im Hotel Gerhus. Eines abends rief mich Peter Hänsel, Chef vom Bühnenverlag »Bloch, Felix Erben« an: »Meysel, ich habe gerade ein neues Stück von Flatow und Pillau für Sie an die Rezeption legen lassen. Lesen Sie es doch mal und rufen Sie mich in den nächsten Tagen an. Es ist übrigens eine Uraufführung, gedacht für den Herbst in Berlin. Aber ich muß Ihnen gleich sagen, damit keine Tratschereien entstehen, Grete Weiser hat es abgelehnt.«

In der Nacht, ich konnte schon immer schlecht schlafen, las ich das Stück. Ich lachte, ich weinte, ich wußte, das Stück spiele ich. Die Weiser mußte meschugge sein, das Stück abzulehnen.

Und dann las ich den 4. Akt, und mir blieb die Luft weg. Ich weckte meinen John aus tiefem Schlaf: »Bitte, John, hör doch mal, bitte, es ist wichtig. Würdest du ein Stück spielen, wo sich mein Mann am Schluß des 3. Aktes das Leben nimmt – und im 4. Akt kommt heraus, daß er statt Schlaftabletten Abführtabletten genommen hat. Also die Hälfte des letzten Aktes spielt vor der Klotür.«

John sah mich an: »Auf keinen Fall würde ich es spielen, wenn dein Mann tot wäre.«

Drehte sich um und schlief weiter.

Ich habe das Stück gespielt. Der Glücksfall war die Besetzung mit Rudolf Platte. Aber auch alle anderen – Gert-Gunter Hoffmann, Ernst Jacobi, Dinah Hinz – und nicht zuletzt der kleine amerikanische Junge: Sechs Jahre, kein Wort deutsch. Ein Idealfall. Und die Regie führte Eric Ode.

1960 Als Annie Wiesner in *Das Fenster zum Flur* von Curth Flatow und Horst Pillau. SFB (Fernsehen)

1960 Mit Dinah Hinz, Ernst Jacobi und Rudolf Platte in *Das Fenster zum Flur*

1960 Mit Bettina Schön und Rudolf Platte in *Das Fenster zum Flur*

1960 Mit Rudolf Platte in *Das Fenster zum Flur*

Friedrich Luft, der große Kritiker Berlins, schrieb damals:

»Den Autoren ist ein kleines berlinisches Monument der herzlichen Emsigkeit mit der Figur der Mutter Wiesner aus dem ehrgeizigen Souterrain gelungen. Diese Gestalt steht, atmet und hat die richtige Fülle. Inge Meysel spielt sie denn auch, daß die Fetzen der Heiterkeit fliegen oder die Tränendrüsen im Parkett schwellen. Sie läßt keinen Nebenton aus. Sie fuhrwerkt in allen Stockwerken der Empfindung herum. Sie hat Claire-Waldoff-Nuancen und gleich die große Sentimentalität von ›Mein Leopold‹. Die Rolle gehört ihr. Und der Abend gleich auch.«

Und Gerhart Ritter:

»Die Besetzung ist gut. Vor allem Inge Meysel. Sie ist die Tyrannin aus dem Souterrain und schlankweg ein berlinisches Elementarereignis. Ihr Temperament ist umwerfend. Hier steht eine echte Volksschauspielerin – eine Vollblut-Komödiantin. Die Meysel ist 'ne Wolke!«

Wir haben das Stück Monate in Berlin gespielt, ich dann noch in Hamburg und in Frankfurt a. M. Zwei große Tourneen habe ich damit gemacht, im Fernsehen war es, und zuletzt drehte Verhoeven noch einen Film, der allerdings prominenter besetzt war. Sonja Ziemann, Brigitte Grothum, Götz George. Nein, dieses Stück ist nicht umzubringen.

1960 Mit dem kleinen Amerikaner in *Das Fenster zum Flur*

»Schau heimwärts, Engel«

1961 kam es dann wirklich zu einer Sternstunde des Fernsehens: »Schau heimwärts, Engel«, nach einem Roman von Thomas Wolfe. John hatte diesen wundervollen Roman, ich kann nur jedem raten, ihn zu lesen, verschlungen, und er wußte sofort: Das will, Unsinn, das *muß* ich drehen. Mit Egon Monks Hilfe bekam der NDR die Rechte.

Und dann holte John sich eine Besetzung zusammen. Urteilen Sie selbst: Als mein Ehemann René Deltgen, dieser wundervolle Schauspieler und noch wundervollere Mensch. Bis zu seinem frühen Tod blieben wir Freunde. Dann Regine Lutz, Dietmar Schönherr, Christoph Bantzer, Gunnar Möller und die unvergessene Gertrud Kückelmann, die sich unglücklicherweise so früh das Leben nahm. Und Edda Seippel, eine Schauspielerin besonderer Art. Nicht genug damit. Zum exzellenten Kameramann Frank Banuscher holte er sich – eine Novität im Fernsehen – einen Lichtgestalter aus England: Sir Eric Cross – ein Meister seines Faches. Inzwischen ist dieses Fernsehstück schon oft wiederholt worden, mit demselben Erfolg. Manchmal scheint mir – fallt nicht über mich her –, diese Sternstunden des Fernsehens sind seltener geworden.

Die vielen Bilder gerade von diesem Stück habe ich für John und mich gewählt, weil »Schau heimwärts Engel« eines der bedeutendsten künstlerischen Kapitel in unserer Ehe war.

Mit René Deltgen in *Schau heimwärts Engel* von Ketti Frings nach dem Roman von Thomas Wolfe. NDR/SRG (Fernsehen)

1961 Mit Gunnar Möller in *Schau heimwärts Engel*

1961 Mit Dietmar Schönherr in *Schau heimwärts Engel*

1961 Gertrud Kückelmann und Christoph Bantzer in *Schau heimwärts Engel*

Das eigens für den Fernsehfilm *Schau heimwärts Engel* gebaute Haus, vor und in dem das Stück spielt

1961 René Deltgen in *Schau heimwärts Engel*

1961 Als Eliza Gant in *Schau heimwärts Engel*

Herz unter'm Morgenrock

Im Fernsehen gab es mich in dieser Zeit noch in weiteren Stücken zu sehen: In »Prozeß von Ossietzky« von Maria Matray und Answald Kruger, »Eines schönen Tages« von Wolfgang Menge oder »Wachet auf und singet« von Clifford Odets.

Und am Theater spielte ich unter anderem in »Ein verdienter Staatsmann« von Thomas Eliot, »Der Nerz« von Félicien Marceau oder »Die Frau im Morgenrock« von Ted Willis. – Und zu diesem Stück und seiner Aufführung in Berlin schrieb der Kritiker Friedrich Luft am 23. August in der »Welt«: »*Wenn wir eine Volksschauspielerin haben, soll man sie machen lassen. Und sie macht's tatsächlich. Im Hebbeltheater braucht man sich in diesem Winter wahrscheinlich keine Sorgen zu machen. Dies könnte laufen, bis der Krokus wieder blüht.*«

Nein, über Arbeit brauchte ich mich weiß Gott nicht zu beklagen. Und der Erfolg kam hinzu.

Karikatur aus *Der Abend* (Berlin) vom 28. August 1963:
»Das Hebbel-Theater hat ein neues ›Fenster zum Flur‹. Die Laufzeit ist gar nicht abzusehen. Die Sonne dürfte an der Kasse scheinen.«

1963 Mit Peter Striebeck (links) und Karl John in *Die Frau im Morgenrock* von Ted Willis. Hebbel-Theater Berlin

1965 Mit Karin Lieneweg in *Die Frau im Morgenrock* von Ted Willis (Tournee)

1963 Als Amy Preston in *Die Frau im Morgenrock* von Ted Willis. Hebbel-Theater Berlin

Das »Hauptmann-Jahr«

1962 folgte dann das Hauptmann-Jahr zum 100. Geburtstag des großen Dichters. Die Ehrung durfte John Olden für die ARD drehen: »Der Biberpelz« und der »Rote Hahn«.

Johns Besetzungen wurden langsam berühmt – den Wehrhahn im »Biberpelz« spielte – nein, nicht spielte, er war der Wehrhahn – Ernst Schröder, und mein Mann in »Der rote Hahn« als Schuster Fielitz war Rudolf Platte. Weiter spielten Heinz Reincke, Peer Schmidt und Wolfgang Kieling.

Die Töchter waren Maria Körber und die damals wirklich noch blutjunge Christiane Schröder in ihrer ersten Rolle. Manchmal traue ich mich gar nicht zu schreiben, wieviele junge Menschen sich das Leben genommen haben: Christiane Schröder sprang einige Jahre später wegen einer unglücklichen Liebe in San Franzisko von der Golden-Gate-Brücke.

1962 Mit Christiane Schröder in in *Der Biberpelz* von Gerhart Hauptmann.

1962 Als Frau Wolff in *Der Biberpelz* von Gerhart Hauptmann

1962 Mit Rudolf Platte in *Der rote Hahn* von Gerhart Hauptmann.
Inge Meysel als Frau Fielitz. NDR (Fernsehen)

Mitten während der Dreharbeiten geschah in Hamburg etwas Unvorstellbares. Ohne die geringste Warnung kam es in der Nacht zum Februar zu einer der größten Naturkatastrophen, zur großen Flut!

Seit ungefähr achtzig Jahren hatte es keine auch nur annähernd ähnliche Flut gegeben, also war niemand darauf vorbereitet. Alle Hilfsmaßnahmen kamen zu spät. Deiche brachen, das Land wurde überflutet, Ortschaften vernichtet. Über dreihundert Menschen ertranken, unzähliges Vieh kam um. Die Elbe war zu einem reißenden Alptraum geworden, sie stieg über acht Meter Normalstand.

Im letzten Moment vor dem absoluten Chaos übernahm zum Glück für Hamburg der Innensenator Helmut Schmidt die Führung. Ihm dankt Hamburg, daß die Katastrophe nicht ein noch größeres Ausmaß angenommen hat. Und wie habe ich mich gefreut, als dieser Mann 1974 auch die Führung unserer Bundesrepublik übernahm.

Auch unser Wohnort Bullenhausen wurde evakuiert. Auf englischen und deutschen Militärlastwagen wurden wir, gezwungen durch die Überschwemmungen in stundenlanger Fahrt kreuz und quer nach Hamburg gebracht. Unterwegs sahen wir Menschen, die sich in den Baumkronen festklammerten, aber keiner konnte sie aus den reißenden Fluten retten. Es war schrecklich.

An dieser Stelle möchte ich ein Zeugnis wahrer Freundschaft erzählen.

Mein Berliner Direktor Hans Wölffer und seine Frau Ingeborg schickten aus Berlin, nachdem sie die Flutbilder gesehen hatten, ein Telegramm:

»Unser Haus ist Euer Haus, unser Geld ist Euer Geld. Eure Inge und Hans.«

Dieses Telegramm habe ich bis heute aufgehoben.

Hans Wölffer und seine Frau Ingeborg

Als wir schließlich Wochen später weiterdrehten, hatten wir alle noch den Schock in den Gliedern. Aber beiden Inszenierungen hat man davon nichts angemerkt, es waren große Erfolge.

Sechzehn Jahre später, 1979, hatte ich übrigens das Glück, unter Barlogs Regie die Fielitzen im »Roten Hahn« noch einmal zu spielen. Im Berliner Schillertheater, mit zwei Partnern, von denen der Berliner sagen würde: »Na, och nich von schlechten Eltern«: Mit Hans Bollmann und Carl Raddatz. Lieber Gott, muß ich Dir dankbar sein für das viele Glück, das Du mir gabst.

1962 Mit Ernst Schröder in *Der Biberpelz* von Gerhart Hauptmann.
Inge Meysel als Frau Wolff

1979 Mit Hans Bollmann in *Der rote Hahn* von Gerhart Hauptmann.
Schillertheater Berlin

1979 Mit Carl Raddatz in *Der rote Hahn* von Gerhart Hauptmann.
Schillertheater Berlin

»Fielitzen, Fielitzen, wie schön haben wir uns zusammengespielt! Alle guten Wünsche, Gesundheit und auf Wiedersehen! Ihr Rauchhäuptiger Raddatz.«

»Die Unverbesserlichen«

Meine Schauspielerlaufbahn begann ich am Theater. Doch daß ich im Laufe der Zeit einem Millionenpublikum bekannt geworden bin, verdanke ich dem Fernsehen.

Am 9. Mai 1965 kam es zur Ausstrahlung der ersten Folge meiner wohl erfolgreichsten Serie: Strombergers »Die Unverbesserlichen«. Mitbearbeiter war Marcus Scholz, Regie führte Claus-Peter Witt. Meinen Mann spielte Joseph Offenbach, Partner aus unvergessenen Zwickauer Tagen. Unsere Kinder waren Gernot Endemann, den mein Mann an der Folkwangschule in Essen entdeckt hatte, Monika Peitsch und Helga Anders.

Jedes Jahr, von 1965 bis 1972, wurde eine neue Folge gedreht und jeweils zum Muttertag, Anfang Mai, gesendet.

Wenn man bedenkt, wieviele Folgen und wie schnell hintereinander heute Serien produziert werden, kann ich »Die Unverbesserlichen« mit ihren sieben Folgen im Jahresrhythmus nur bewundern. Man gab den Schauspielern noch Zeit, was sowohl ihrer Leistung als auch dem Stück zugute kam. Bei den Serien von heutzutage, die manchmal mit ihren 50 Folgen und mehr die Zuschauer häufig genug überfordern und vergessen läßt, was sie gerade gesehen haben, erscheint mir das nicht mehr möglich.

Und so werden »Die Unverbesserlichen« auch heute noch zur großen Freude der Zuschauer, schon in der zweiten und dritten Generation, gesendet. Und auch die sozialen Mißstände, die diese Serie – ohne erhobenen Zeigefinger! – dem Fernsehpublikum vor Augen führte, blieben aktuell: Noch immer haben wir ein Krankenhaus mit einer ersten Klasse und zweiten Klasse, mit mehr und weniger Rechten sowohl für die Kranken wie auch für ihre Angehörigen. Auch heute noch wird der »kleine Mann« in Rente geschickt, ob er will oder nicht, während Manager und Politiker über diesen Zeitpunkt selbst bestimmen.

»Die Unverbesserlichen« sind also in vielerlei Hinsicht aktuell geblieben. Wer's nicht glaubt, der lese meine Zuschauerpost!

1965 Mit Monika Peitsch und Joseph Offenbach in *Die Unverbesserlichen*
von Robert Stromberger

1965 Mit Monika Peitsch, Joseph Offenbach und Ralph Persson in *Die Unverbesserlichen* von Robert Stromberger NDR (Fernsehen)

1965 Mit Helga Anders und Gernot Endemann in *Die Unverbesserlichen*

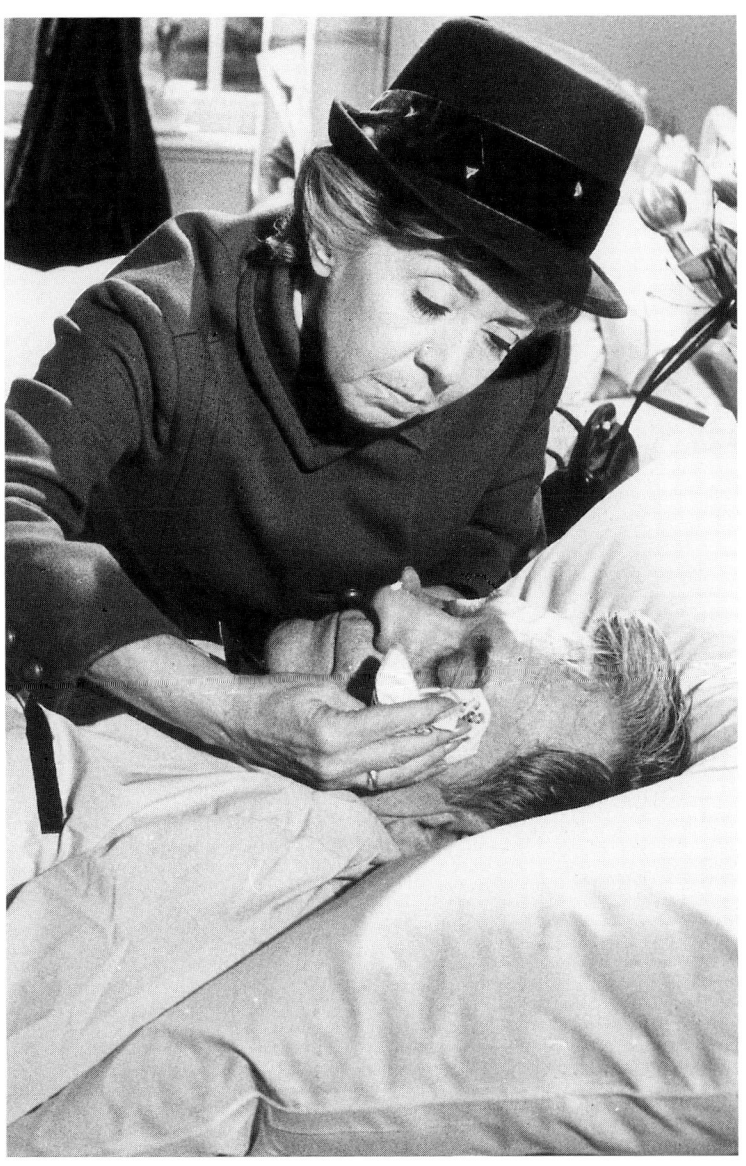

1968 Mit Joseph Offenbach in *Die Unverbesserlichen* NDR (Fernsehen)

»Mit des Geschickes Mächten ist kein ew'ger Bund zu flechten«

Im Herbst 1964 erhielt das Thalia Theater einen neuen Direktor: Prof. Kurt Raeck. Er war, und blieb erstaunlicherweise auch, Direktor des Renaissance Theaters in Berlin.

Von ihm bekam ich einen Fünfjahresvertrag pro Jahr sechs Monate Spielzeit. Antrittsrolle: Die Frau John in Gerhart Hauptmanns *Ratten*. Premiere war im Februar 1965, die Regie führte Peter Mosbacher.

Mein John und ich waren glücklich – das Haus ein Traum, der Garten ein Paradies –, den Sommer hatten wir genossen, und die Arbeit, die nun für den Herbst in der Gastspieldirektion Landgraf folgte, hatten wir uns selbst ausgesucht. Ich meine erste Tournee »Frau im Morgenrock«, Probe im Schwarzwald, Titisee. John seinen Fernsehfilm »Die Gentlemen bitten zur Kasse«, das Drehbuch schrieb Henry Kolarz nach dem legendären Überfall auf einen englischen Postzug. In den Hauptrollen spielten Tappert und Lowitz. John war so freudig, so erregt: »Inge, es wird mein spannendster, interessantester Film, du wirst sehen.«

Sechs Wochen Außendreh in London und Birmingham. Und plötzlich wurde die Arbeit nicht so freudig, wie John es sich vorgestellt hatte.

In London gab's Schwierigkeiten, Dreherlaubnisse auf den Straßen wurden kurzfristig zurückgezogen, Drehorte plötzlich nicht genehmigt, immer mußte er schnell umdisponieren, versuchen, die Polizei zu umgehen.

Und zu guter Letzt wurde noch ein Filmwagen aufgebrochen, gedrehte Filmrollen gestohlen. Schnell versuchte John, neu zu drehen, da tauchten die Filme nach Tagen unerwartet wieder auf.

John regte sich auf – er, der immer die Ruhe selbst war. Und er schüttete alles, was ihm nach seinem ersten Herzinfarkt 1962 verboten worden war – Tee und Kaffee in Mengen – in sich hinein. Ich bin heute noch davon überzeugt, daß er heimlich geraucht hat,

John bei der Arbeit

obwohl ihm 1962 gesagt worden war: »Herr Olden, keine Zigarette, das wäre das Ende.«

Am Sonnabend, den 11. September kam er müde, aber glücklich aus England wieder nach Hause, fast Dreiviertel des Filmes waren fertiggestellt. Er rief sofort bei mir im Schwarzwald an: »Liebes, die Außenaufnahmen sind im Kasten, und unser Haus, der Garten – Inge, was haben wir für ein Glück, daß wir sowas besitzen. Nur der Rasen ist zu hoch, gleich morgen früh muß ich ihn mähen. Und – ach ja – danke für die Steaks im Eisschrank.«

Als er am nächsten Morgen anrief: »Du, hier ist eine Bücherkiste von Rowohlt angekommen, wundervolle Bücher, ich pack' sie nachher gleich aus ...«, da wurde ich wütend: »John, gib Ruhe, zum Donnerlittchen, Rom ist auch nicht an einem Tag erbaut worden! Kuß, Schluß, ich ruf dich nach meiner Probe um 19 Uhr an.«

Als ich anrief, war unser Nachbar Heinz Kunze-Just am Telefon: Ich erstaunt: »Heinz?« Pause. »Inge, hör mal ...« Weiter kam er nicht, ich sagte nur: »Ist John tot?« Nach einer Pause sagte er: »Von Freiburg geht ein Nachtzug.«

Um 6 Uhr morgens stand Egon Monk auf dem Perron. Ich war froh, daß er es war, der zurückhaltendste Mensch, den ich kenne, Johns, wie man so sagt, »Chef«. Er hat es ihn nie fühlen lassen, er war ein Freund.

Am 12. September 1965, mit 47 Jahren, ist mein Mann gestorben. Im Auto. Nein, John, du hattest keine Ruhe gegeben. Der Rasen war gemäht, die Bücher waren ausgepackt, und du bekamst plötzlich wieder Herzschmerzen, fühltest, da ist wieder was im Gange. Du riefst sofort das Krankenhaus an, dort sagte man dir »Ihr Professor wird heute, Sonntag, erst um 18 Uhr im Krankenhaus sein, früher hat es keinen Zweck für Sie, zu kommen. Aber wir werden schon mal ein Bett für Sie richten.« Und dann hast du, John, noch gebadet – heiß, zu heiß, wie immer – und dann, als du fahren wolltest, im Auto, hat's dich erwischt.

Wie sagt man? »Doch mit des Geschickes Mächten ist kein ew'ger Bund zu flechten.«

Acht Tage nach Johns Tod begann die Tournee »Die Frau im Morgenrock«. Drei Monate habe ich gespielt – wie – ich weiß es nicht – ich war wie in Trance, aber ich mußte. Es waren 96 Vorstellungen restlos ausverkauft und alle auf meinen Namen hin. Es gab kein Pardon.

Gott sei Dank aber hatte ich Prachtkollegen. Was wäre ich ohne Eva Ingeborg Scholz, ohne Karin Lieneweg, ohne Martin Lütge und Karl John gewesen.

Das Frühjahr 1966 kam – ich hatte mich nach Johns Tod völlig eingeigelt. Ich saß im Haus und kam mit mir selbst nicht zurecht, immer nur die Frage: »Warum, John, warum bist du von mir gegangen? Warum mußtest du soviel arbeiten? Denn du hast seit dem ersten Herzinfarkt 1962 gewußt, daß du Schwierigkeiten hattest. Warum bist du nicht kürzer getreten? Und wieso habe ich kein Machtwort gesprochen, als ich merkte, wie sehr dich ›Die Gentlemen bitten zur Kasse‹ strapazierten.«

Im tiefsten Innern wußte ich: du hattest immer Angst, etwas zu verpassen – wie oft habe ich dich ausgelacht: »John, warte doch, hab's nicht so eilig.« Heute bin ich überzeugt, du wußtest um deinen frühen Tod, daher die ständige Sucht, ja Sehnsucht, noch so vieles machen zu wollen, alles mitzunehmen im Leben.

Wie sagtest du oft: Nur nichts auslassen!!

Im Garten vor dem Haus

Das Fiasko

Mitten in diese Grübeleien tauchte Klaus Juncker vom Rowohlt Verlag mit Hela Gerber, Direktorin vom Hebbel-Theater in Berlin auf. Sie brachten ein Stück mit: »Sister George muß sterben«, von Frank Markus.

»Eine Traumrolle«, sagten sie.

Mal etwas ganz anderes: Eine Lesbierin, eine ältere, erfolgreiche Schauspielerin, die seit Jahren in einer durch sie berühmtgewordenen Fernsehserie spielt, und die man nun sterben lassen will, damit die Serie neues Blut bekommt, denn die Einschaltquoten sinken. Und zu Haus – sie lebt mit einer ganz Jungen zusammen – kommt es auch zu Schwierigkeiten.

Ich war Feuer und Flamme, also: Mitte Oktober Premiere in Berlin, Deutsche Erstaufführung. Vier Frauen: Grit Böttcher – meine Liebste, Eva Maria Meinecke – die Frau vom Sender, die mich sterben lassen will – und als Freundin Ljuba Welitsch, die vor Jahrzehnten berühmte Salomé der internationalen Opernbühnen.

Regie? Da kam ich Unglückswurm auf die Idee: Ein englischer Autor, rein englisches Milieu, also nur ein Engländer: David Cameron, der Mann der Knef. Er hatte noch nie Regie geführt. Die Proben waren schwierig, die kluge Ljuba Welitsch warnte mich einige Male: »Du bist zu exaltiert, mach nicht alles, was die Regie sagt.«

Was soll ich viel erzählen, um das Ausmaß des Fiaskos zu zeigen – liebe Leserin, lieber Leser, habt Mitleid mit mir – die Kritiken haben das Stück buchstäblich in der Luft zerrissen.

Sofort am Tag nach den Kritiken kamen wir vier Weiber zusammen – ohne den Regisseur –, probten, strichen das Stück neu ein. Ich glaube, wir hatten eine gute Hand. Tage darauf waren Anneliese Römer und Curt Bois, zwei Sterne am deutschen Theaterhimmel, in der Vorstellung. Am Schluß der Vorstellung kamen sie in die Garderobe: »Also die Kritiken sind unverständlich, das ist doch eine glänzende Vorstellung.«

1966 Mit Grit Böttcher in *Schwester George muß sterben* von Frank Markus. Hebbel-Theater Berlin

247

Anmerken muß ich noch: Vier Wochen waren wir ausverkauft, alle Lesbierinnen, alle Homosexuellen sahen sich das Stück an, die Kritikerpäbste Luft und Ritter hatten sie aufgescheucht.

Aber danach?

Das Theater war gähnend leer, das Publikum wollte Inge Meysel nicht als Lesbierin sehen.

Ich glaube, 1966 ist dem Stück Unrecht geschehen, zwei Jahre später, nach der 68er Bewegung wäre es völlig anders aufgenommen worden. Heute, wo die Hella von Sinnen sogar die reizende Scheel heiraten will, ist das Stück nun wirklich Schnee von gestern.

Das Fernsehen hat mich wieder

Als ich – noch immer gebeutelt vom Fiasko – nach Hamburg zurückkehrte, passierte etwas Überraschendes. In solchen Situationen merke ich, daß ich ein Zwilling bin, mal oben, mal unten. Gyula Trebitsch, der Produzent der Polyphon, der John und mir immer ein guter Freund war und mir nach Johns Tod von allen Menschen am meisten beigestanden hatte, erklärte mir: »Du spielst bei mir die Hauptrolle in einer Serie, die Curth Flatow für mich geschrieben hat«; und daß Helga Mauersberger, damals Chefin des Werbefernsehens des NDR, sie bereits gekauft hätte.

Nun muß man wissen, daß Flatow seit seinem sensationellen Erfolg von »Fenster zum Flur« zu einem der begehrtesten Autoren geworden war.

Es wurden dann nicht eine, sondern gleich zwei Serien: »Gertrud Stranitzky« spielte im Modemilieu, denn die Hauptfigur war Zuschneiderin. Es wurde wirklich ein »Renner«, so daß Flatow gleich auf den Erfolg noch einen draufsetzte, eine Fortsetzung mit der Schwester der Stranitzky, die »Ida Rogalsky« mit ihren fünf Kindern. Regie hatte Georg Tressler.

Für die 26 Folgen haben wir vier Jahre Drehzeit beansprucht, man wollte die Schauspieler zu dieser Zeit eben nicht zu sehr verbrauchen. Wo sind diese Zeiten geblieben?!

Gyula Trebitsch und Helga Mauersberger waren die zwei Menschen in meinem Leben, die nicht zuließen, daß ich nach Johns Tod und dem Reinfall mit »Sister George« nicht mehr in die Wirklichkeit zurückfand. Durch einen dummen Streit beendeten wir 1972 leider unser berufliches Verhältnis, privat blieben wir menschlich und freundschaftlich verbunden. Nur dumme Menschen können Arbeit und den privaten Bereich nicht trennen.

In *Ida Rogalski* von Curth Flatow

Und wenn ich hundert Jahre alt werde, die »Rattenwochen« werde ich nicht vergessen

1969 wurde ein Glanzjahr. Im Fernsehen, beim WDR, spielte ich eine meiner schönsten Rollen: die Frau John in Hauptmanns Stück »Die Ratten«. Regie führte Peter Beauvais.

Ich hatte sie schon einmal auf der Thalia Bühne gespielt, inszeniert hatte mein Kollege Peter Mosbacher. Aber ich hatte damals Schwierigkeiten mit der Frau John. Jetzt sollte es eine Erfüllung werden.

Diese arme Kreatur, die ihrem Mann das von ihm ersehnte Kind nicht schenken kann und die sich in ihrer panischen Verzweiflung, daß er sie verlassen könnte, bis zur Anstiftung zum Mord verstrickt. Skrupellos eignet sie sich ein Kind an, gibt es als ihres aus, kämpft und lügt und betrügt – und als sie keinen Ausweg mehr sieht, springt sie aus dem Fenster der Mietskaserne.

Peter Beauvais, dieser geniale Regisseur, hat ein beklemmendes Schauspiel inszeniert. Wir alle – Reinhard Koldehoff, Uwe Friedrichsen, Sabine Sinjen, Paul Verhoeven, Gisela Trowe – waren eine echte Gemeinschaft geworden, wir haben vier Wochen, man kann fast sagen, Tag und Nacht probiert, keinem wurde es zuviel. Wir sind zusammen essen gegangen, haben die Nächte hindurch diskutiert, haben uns gegenseitig Text abgehört, solange, bis es zur Aufzeichnung kam. Und wenn ich hundert Jahre alt werde, diese »Rattenwochen« werde ich nicht vergessen.

Und noch etwas passierte, was mir jedenfalls noch nie vorgekommen war. Nach der Premierensendung am 12. Januar 1969 rief der Intendant des WDR, Herr von Bismarck, bei mir an, um mir zu gratulieren und zu sagen, wie sehr ihm meine Frau John berührt hat. Es sind 22 Jahre her, und ich habe diesen Anruf nicht vergessen.

1965 Als Frau John in *Die Ratten* von Gerhart Hauptmann. Thalia Theater Hamburg

1969 Mit Sabine Sinjen in *Die Ratten* von Gerhart Hauptmann.
WDR (Fernsehen)

1969 Mit Uwe Friedrichsen in *Die Ratten* von Gerhart Hauptmann.

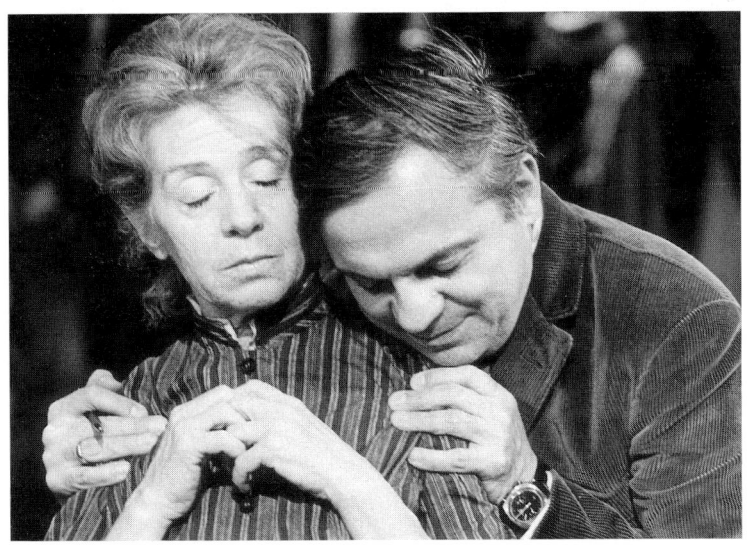

Peter Beauvais und Inge Meysel während der Dreharbeiten zu *Die Ratten*.
Beauvais führte Regie

1965 Mit Karl John in *Die Ratten* von Gerhart Hauptmann. Thalia Theater

Das Operngastspiel

Ich kann nur immer wiederholen, es gibt Jahre, ja manchmal ein Jahrzehnt, da hat man das Gefühl, man hat dreimal »Hier!« geschrien, als Gott seine Glücksgaben verteilte.

Auf jeden Fall war solch eine Glücksgabe Professor Rolf Liebermann, der große Komponist und Intendant der Hamburger Staatsoper. Er ließ mich kommen und bot mir die Rolle der Göttermutter Juno in Offenbachs Operette »Orpheus in der Unterwelt« an.

Zuerst habe ich ihn ausgelacht: »Ich? Oper? Ein Duett, ein Terzett und ein zwar kleines, aber immerhin, ein Solo! Professor, ich bin völlig unmusikalisch.«

Darauf Liebermann: »Liebe Meysel, es gibt keinen unmusikalischen Menschen.«

An diesen Satz sollte er noch des öfteren denken, und zwar als ich den dritten Korepetitor verschlissen hatte. Alles warnte ihn – Professor, besetzen Sie um –, er hielt eisern an meiner Besetzung fest. Er kam auf Proben, hörte zu. Regie führte Jo Hess.

Und eines Tages knöpfte er mich vor: »Zum Donnerwetter, versuchen Sie doch nicht immer vor lauter Angst, den Einsatz zu verpassen, zu früh oder zu spät einzusetzen. Ich habe Sie beobachtet, Sie haben Rhythmus im Blut, im ganzen Körper. Vertrauen Sie sich selbst und zählen Sie im Innern die Takte. Beim Tanz sind Sie immer richtig, immer genau bei jedem Schritt drauf, also nun auch bei Ihren Gesangsnummern!«

Von da an zählte ich und zählte. Als ich bei der großen Silvesterpremiere der Oper bei meinem Duett mit meinem Göttergatten Toni Blankenheim sofort triumphierend einsetzte, blieb dem vor Schreck der Ton im Halse stecken. Oh Toni, verzeih mir.

Liebermann kam in der großen Pause hinter die Bühne und sagte: »Toni, der sicherste aller meiner Sänger, was war denn mit Ihnen los?«

1971 Mit Lieselotte Pulver in *Orpheus in der Unterwelt* von Hector Cémieux und Ludovic Halévy. Musik Jacques Offenbach. Staatsoper Hamburg

Blankenheim antwortete: »Es war der Schreck. Die Meysel hatte seit drei Monaten zum ersten Mal richtig eingesetzt.«

Und im Cancan tanzte ich dann aber auch alles in Grund und Boden.

Was war das auch für eine Besetzung: Die herrliche Elisabeth Steiner, Blankenheim, William Workman, Grundheber, Peter Haage, und die »öffentliche Meinung«: Lieselotte Pulver und Theo Lingen. Oh selige Zeiten, als Frau Lingen nach der 2. Vorstellung nachts noch die Kritik der »Welt« brachte, extra vom Hauptbahnhof geholt: *»Meysel und Lingen, Glanzpunkte der Aufführung!«* worauf wir dann zu dritt in die Kneipe gegenüber der Oper gingen, einen heben.

Danke, lieber, verehrter Professor Liebermann, daß Sie an mir festhielten, als alle Sie warnten. Danke.

1971 Mit Toni Blankenheim (links) und Elisabeth Steiner in *Orpheus in der Unterwelt.* Staatsoper Hamburg

1971 Mit Toni Blankenheim in *Orpheus in der Unterwelt.* Staatsoper Hamburg

»Wenn der junge Wein blüht«
– meine Jahre bei Raeck

Am Theater erfüllte ich zu dieser Zeit meinen abgeschlossenen Vertrag mit Professor Raeck.

Nachdem wir die »Ratten« in Hamburg gespielt hatten, ließ er mich kommen und sagte: »So, nun haben Sie die Abonnenten bei Ihrer Frau John weinen lassen, für die nächste Premiere gebe ich Ihnen mein Lieblingsstück »Wenn der junge Wein blüht« von Björn Björnson. Sie werden sie zum Lachen bringen!«

Ich sah ihn erschrocken an: »Das ist doch ein entsetzlich altmodisches Stück!«

Und wie heute weiß ich noch seine Antwort:

»Meine liebe Meysel, glauben Sie mir, was heute vielleicht altmodisch erscheint, ist morgen wieder en vogue!«

Ich glaubte es nicht, aber er behielt Recht. Es war die meistgespielteste Aufführung des Thalia Theaters, ein sogenannter Renner. Regie hatte Hans Deppe.

»Inge Meysel, umgeben von einem ›Blütenstrauß weiblicher Jugend‹ und etlichen symphatischen Herren, spielte die Frau Alvink. Wie sie zwischen Lachen und Weinen, Angst und Hoffen die Geschichte einer großen Liebe und einer – trotz zeitweiligen Entfremdung – wundervollen Ehe erzählt, das stimmte in jeder Nuance.«

1970 verließ ich das Thalia Theater und folgte Professor Raeck an sein Renaissance Theater in Berlin, dem ich bis zu seinem Tod 1977 fest verbunden blieb. Raeck verdanke ich einige große Erfolge: »Schmetterlinge sind frei« von Leonard Gershe, van Drutens »So war Mama« und eine literarische Ausgrabung: Die Spießerkomödie Paul Kornfelds »Palme oder der Gekränkte«. Und als große Weihnachtspremiere brachte er 1974 noch einmal »Wenn der junge Wein blüht« heraus, unter der Regie von Boleslaw Barlog, der Partner war diesmal Sigmar Schneider und es wurde trotz meiner anfänglichen Unkereien wieder ein Erfolg, wir spielten es dann auf Tournee in Österreich und in der Schweiz bis 1977.

1974 *Wenn der junge Wein blüht* von Björnstjerne Björnson.
Renaissance Theater Berlin

1974 In *Wenn der junge Wein blüht* mit Helga Krauß und Erika Deutinger.
Renaissance Theater Berlin

In *Wenn der junge Wein blüht* mit Kurt von Ruttin

1974 Auf der Probe zu *Wenn der junge Wein blüht* mit Boleslaw Barlog und Helga Krauß

So feierten wir nach der 227. Vorstellung das Ende unserer gemeinsamen Arbeit in *Wenn der junge Wein blüht.* Links: Sigmar Schneider

1974 Während der Proben zu *Wenn der junge Wein blüht* mit Boleslaw Barlog (links), Professor Kurt Raeck (Mitte) und Sigmar Schneider

Weitere Tourneen unter der Direktion von Ernst Landgraf folgten in den Jahren 1970 bis 1975, darunter unsere beiden schönen Arbeiten »Schmetterlinge sind frei«, Regie Victor de Kowa und »Ehekarusell« mit Helmut Käutner, seine erste und einzige Tournee, Regie Wolfgang Spier.

Schließlich noch »Komm zurück kleine Sheba« mit Siegfried Lowitz, Regie führte Michael Kehlmann, ein Freund aus alter Zeit.

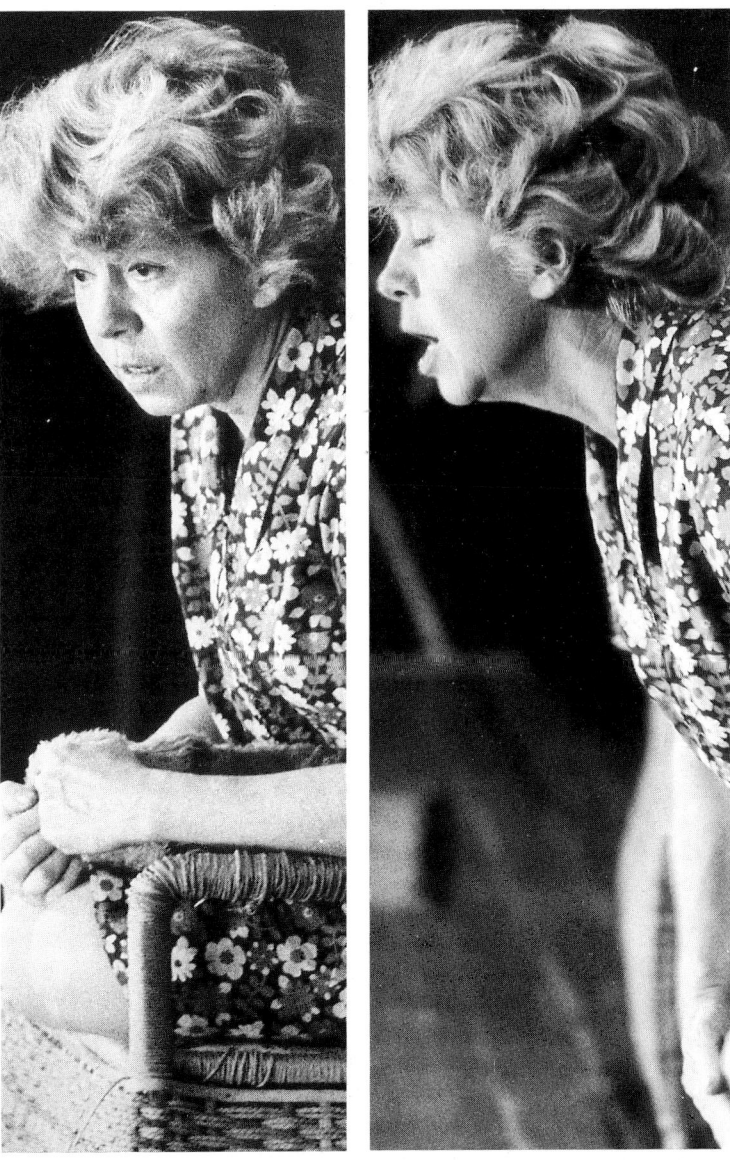

1973 In *Komm zurück kleine Sheba* von William Inge

1973 Mit Siegfried Lowitz in *Komm zurück kleine Sheba* (Tournee)

1971 Mit Amadeus August in *Schmetterlinge sind frei* von Leonard Gershe.
Renaissance Theater Berlin

»Schmetterlinge sind frei« war für 75 Vorstellungen geplant. Amadeus August als blinder Sohn begann damit seine Theater- und Filmkarriere, die ihn bis Hollywood führte. Aus den 75 Vorstellungen wurden dann innerhalb von 2 Jahren 350 Aufführungen in Hamburg, auf Tournee und zum Abschluß haben wir es noch 50mal in Berlin im Renaissance Theater gegeben.

1971 Als Mrs. Baker in *Schmetterlinge sind frei*. Renaissance Theater Berlin

1972/73 Mit Helmut Käutner in *Ehekarussel* von Leslie Stevens (Tournee)

Inge Meysel:

● In meinem Elternhaus

hieß es immer, man muß durch Fleiß und Tüchtigkeit etwas erreichen. Das finde ich auch. Aber Anständigkeit und Redlichkeit gehören dazu.

Sehen Sie – und deshalb wähle ich Herrn Brandt.

Ich halte ihn für den anständigsten, redlichsten und fähigsten Politiker, den ich kenne.

Meinen Sie nicht auch, daß wir es uns nicht leisten können, auf einen solchen Mann als Kanzler zu verzichten? ●

Inge Meysel

274

Als Bürgerin

Ich bin nicht als Schauspielerin politisch, sondern als Bürgerin. Und ich würde auch keinen Sinn in meinem Leben sehen, wenn ich mich nicht für etwas einsetzen würde, was ich für richtig halte. Und es macht mir auch nichts aus, wenn ich für meine politische Meinung einmal eins auf den Deckel kriege. Zum Leben gehört Mut! Feigheit ist für mich gleichbedeutend mit Charakterlosigkeit.

Und darum hab' ich auch alle Warnungen in den Wind geschlagen, als ich bei der Wahl 1969 mich für den Kanzlerkandidaten Willy Brandt einsetzte. Ich mußte es tun, auch wenn es vielen nicht gefiel. Und ich gebe auch offen zu, daß ich ein Jahr später, als ich das Bild von Willy Brandts Kniefall in Polen sah, geheult habe, ich danke ihm noch heute, daß er sich nicht beirren ließ in seiner Haltung.

Nach vielen Jahren empfand ich ähnlich, als ich die berühmte Rede des Bundespräsidenten v. Weizsäcker am 8. Mai 1985 hörte. Meine tiefe Verehrung gehört ihm seitdem. Wir werden lange suchen müssen, um einen würdigen Nachfolger zu finden. Mein Vorschlag: behalten wir ihn noch ein bißchen!

Mein Vater Julius

Mit meiner Madka

Mit John an unserem Strand in Bullenhausen

Herta und Harry nach dem Krieg

Wir haben unsere Männer alle lange überlebt

So glücklich die Ehen »der Meysels« waren – wir Frauen hatten nicht das Glück, mit unseren Männern zusammen alt zu werden.

Mein Bruder Harry war nach Jules und Johns Tod nun als einziger Mann das Oberhaupt der Familie.

Wieder einmal – wie schon so oft – war ich zu Aufnahmen in Berlin und wohnte bei meiner Madka. Ich überraschte Harry und Herta mit einer englischen Lampe, die sie sich schon so lange wünschten. War es vielleicht eine »Vorahnung«, daß ich gerade diesmal die Lampe aus Hamburg mitbrachte?

Um acht Uhr morgens rief mich Herta aus dem Krankenhaus an: »Inge, komm schnell, Harry ist heute morgen um sechs Uhr zusammengebrochen. Er liegt auf der Intensivstation, im Koma. Sage aber Madka und Christiane noch nichts, vielleicht gibt es ja noch Hoffnung.«

Ich fuhr sofort hin, ein befreundeter Arzt dort sagte uns: »Er hat einen Tumor im Kopf, und es ist zu einer schweren Gehirnblutung gekommen. Rettung ist nicht mehr möglich, das ganze Gehirn ist befallen. Selbst wenn er noch aus dem Koma erwachen würde – es wäre kein Leben mehr.«

Ich rief Christiane an, sie kam sofort, um ihren Daddy, wie sie ihn liebevoll nannte, noch einmal zu sehen.

Das Merkwürdige war, daß Harry in seinem ganzen Leben nie Kopfschmerzen hatte, nie etwas von diesem Tumor gemerkt hat.

In der Nacht, gegen 4 Uhr, rief mich das Krankenhaus an. »Ihr Bruder ist soeben sanft eingeschlafen.«

Alles, was ich in dem Moment sagen konnte, war: »Ich danke Ihnen.« Madka und Christiane weckte ich nicht, sie würden es noch früh genug erfahren.

Wir haben unsere Männer alle lange überlebt: Madka starb mit 90 – Jule wurde nicht einmal 60. Herta ist jetzt 77 – Harry starb mit 58. Ich bin jetzt 81 – John wurde nur 47.

»Die Hebamme« von Rolf Hochhuth – auf eine solche Rolle habe ich lange gewartet

»Natürlich hätte keiner 1970 ›Die Hebamme‹ schreiben können, ohne schon dauernd die Meysel vor Augen zu haben – diese seit Generationen weitaus beliebteste Frau der deutschsprachigen Bühnen, deren recht eigentliches Wesenselement ihr Humor ist. Sie empört sich *lachend;* das auslachend, was sie empört! Wie hätte ich denn hoffen können, wie mir einbilden dürfen, sie werde nicht nur bereit sein, die ›Hebamme‹ zu spielen, sondern mir auch glaubhaft zu versichern, es nie müde geworden zu sein, meine Hebamme mehr als hundertmal zu spielen!

In der Tat bringt Frau Meysel meiner Figur etwas mit, ohne das meine soziale Brandstifterin, die Obdachlose in eine neuerbaute Bundeswehrkaserne einquartiert, nie die Bühne betreten sollte: politisches Engagement. Das aber hebt niemals moralisierend den Zeigefinger, sondern weiß, wie völlig wirkungslos, nämlich nur schulmeisterlich, heutzutage Sozialkritik auf der Bühne wäre, die nicht als *Komödie* getarnt ist. Wer ginge noch in ein Stück über Obdachlose – wäre das nicht ein Lustspiel?

Inge Meysel, wenn sie uns spielt, schenkt uns Autoren das, was wir selbst heute nicht mehr haben: Popularität!«

Rolf Hochhuth

1975 *Die Hebamme* von Rolf Hochhuth. Theater am Kurfürstendamm Berlin

Haben Sie schon einmal eine Premiere mit illustrem Publikum erlebt, bei der sich die Hauptdarstellerin mit einer Doppelrolle nachts zuvor, auf der Generalprobe, das linke Handgelenk bricht, und zwar total, und verbietet, es dem Premierenpublikum zu Beginn der Premierenvorstellung mitzuteilen? Die sich während des Stückes in ihrer Rolle mit gebrochenem Handgelenk viermal umziehen muß, von der Schwesterntracht in ein englisches Kostüm und wieder zurück, die viermal ihr Schwesternhäubchen mit einem Schleierhütchen vertauschen muß?

Nun, das alles hätten Sie an einem Augustabend 1974 erleben können: Tatort Berlin, Theater am Kurfürstendamm, Premiere: »Die Hebamme« von Rolf Hochuth, der erfolgreiche Kampf einer entschlossenen Oberschwester und Stadträtin um bessere Wohnbauten für Unterprivilegierte, die auch vor kriminellen Handlungen dabei nicht zurückschreckt: Um an eine große Summe Geld zu kommen, gibt sie sich als Witwe eines Feldmarschalls aus, um den Lastenausgleich für ein verlorengegangnes Gut in Polen zu kassieren.

Zwei Jahre hatte der Schriftsteller mit der Berliner Premiere gewartet, weil er nur die Meysel für die Rolle der Hebamme für diese Berliner Aufführung haben wollte. Und nun war alles durch einen einstürzenden Tisch während der Generalprobe in Frage gestellt.

Und so war der eigentliche Held des Abends Professor Weigert vom Urban-Krankenhaus, dem ich heute noch dankbar bin.

Als ich ihm sagte »Ob tot oder lebendig, ich spiele«, machte er mir einen kleinstmöglichen, nassen Gips für mein Handgelenk und übte mit mir, wie ich mit meinen vom Gips ausgeschlossenen Fingern die Hebammentasche tragen konnte, denn in der rechten, gesunden Hand hielt ich meinen Krückstock und in der anderen Rolle als Feldmarschallswitwe hielt ich das Lorgnon.

Der Abend war, wie immer wenn Katastrophen in der Generalprobe vorausgehen, ein Erfolg, und mit welchen Partnern: Hugo Lindinger, Robert Dietel, Peter Schiff, Jacob Heinz Giese und vor allen Dingen: Joachim Wichmann. Die Regie hatte Wolfgang Spier.

1975 Als Feldmarschallswitwe in *Die Hebamme* von Rolf Hochhuth

Und zu unser aller Ehre muß ich sagen, wir haben aus dem Stück wirklich eine politische Aufführung gemacht. Zum anfänglichen Kummer von Wolfgang Spier hatte ich über die Hälfte der Pointen in meiner Rolle rausgestrichen oder sie dem Lindinger geschenkt, der darüber genauso glücklich war wie seinerzeit Rudi Platte bei »Fenster zum Flur«. Erst als wir dann alle Bilder, die durchweg politisch waren, wieder aufmachten (Verzeihung: Theaterjargon), was bei vielen anderen Aufführungen nicht der Fall war, war auch Spier wieder zufrieden – und auch Direktor Wölffer.

Kurzum, es wurde eine Aufführung, die sich sehen lassen konnte. Hans Brecht zeichnete das Stück für das 3. Programm des NDR auf und es kam so an, daß das 1. Programm der ARD das Stück wiederholen mußte.

Aber nun möchte ich auch noch ein Wort zu dem Schriftsteller Rolf Hochhuth sagen. Seit ich 1963 an der Volksbühne seinen »Stellvertreter« sah, nein, erlebte, bin ich seine größte Verehrerin. Sein Kampfgeist und sein Sinn für Gerechtigkeit, selbst wenn er sich damit schadet, nötigen mir Respekt und Achtung ab. Sein Kampf gegen den damaligen Ministerpräsidenten Filbinger aus Baden-Württemberg bleibt unvergessen. Wie heißt es so schön: Rolf Hochhuth hat sich wie kaum ein anderer um unsere Demokratie verdient gemacht.

1975 Mit Joachim Wichmann in *Die Hebamme* von Rolf Hochhuth

1975 Mit Heinz Giese (links) und Walter Jacob in *Die Hebamme*
von Rolf Hochhuth. Theater am Kurfürstendamm Berlin

Nächste Doppelseite:
Schlußszene mit Gerhard Schinschke (links) und Hugo Lindinger

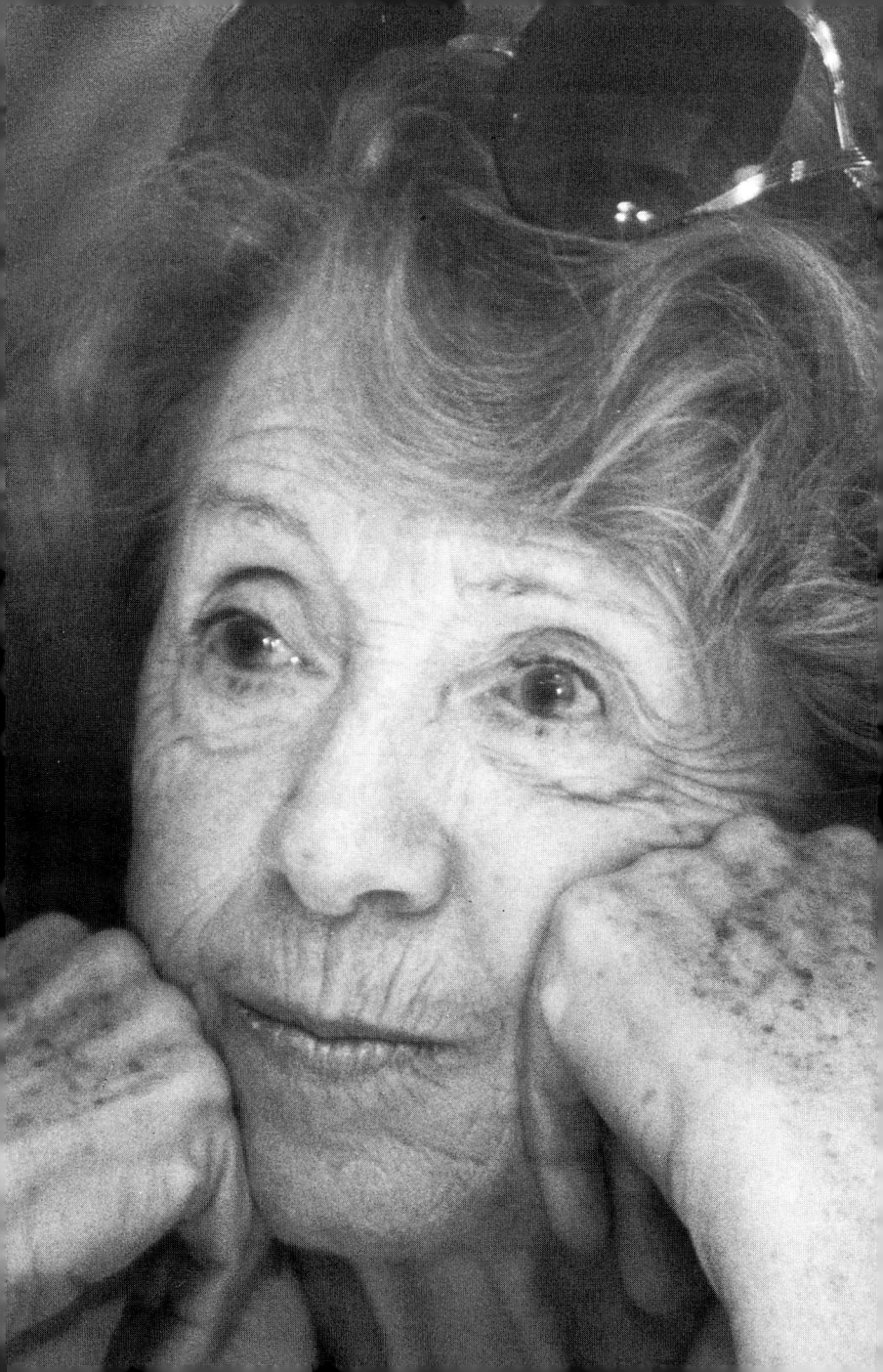

Momentaufnahmen in meinem Leben: Falten

Wenn man erstmal den Mut hat, über seinen Schatten zu springen, fällt einem vieles leichter. Mein Schatten war das Alter.

Nun hat das »Älterwerden« Varianten. Zuerst sind es die Fältchen, man versucht sie mit Schönheitsmasken und tausend Cremes zu leugnen. Dann kommen Falten, nun muß man sich stellen: Sie hinnehmen oder – Achtung, jetzt kommt das Wort: Liften.

Dazu meine erste Geschichte: Als ich John, der acht Jahre jünger war als ich, fragte: »Soll ich liften?« lachte er mich aus: »Liebes, wenn ich was Junges will, dann nehme ich mir 'ne 17jährige mit Stehbusen.« Das Thema war vom Tisch.

So um 1970 herum – nun schon 65 – wurden die Falten ein Problem. John war nicht mehr da, viele Kolleginnen gaben mir den Rat: »Wenn du dich jetzt nicht liften läßt, dann ist es zu spät.«

Ich flog nach München zu der berühmten Frau Dr. Schmidt.

Folgendes Gespräch fand dann statt:

Ich: »Frau Doktor, ich möchte ein wenig um die Augen rum und die Wangen etwas spannen. Nur ein wenig, ich will mich ja nicht verändern ...«

Sie: »Ja, nur ein bißchen. Und nach sechs Monaten kommen Sie wieder, Frau Doktor, bitte um's Kinn, und Oh, Frau Doktor, besonders die Falten über dem Mund. Auch der Hals ... So, und nun raus!!«

Ich: »Bitte?«

Sie: »Ja, raus! Meine Familie und ich lieben Sie, sehen uns jeden Film an mit allen Ihren Falten. Wir wollen Sie weiter lieben.«

Ich: »Ja, aber ich habe fünfhundert Mark ausgegeben, um zu Ihnen zu fliegen.«

Sie: »Liebe Frau Meysel, da sind Sie doch von mir gut bedient, Sie haben soeben fünftausend Mark gespart.«

Ich flog nach Hamburg zurück, heilfroh. Aber nicht, weil ich fünftausend Mark gespart hatte, sondern weil ich einer klugen Frau begegnet war.

»Harold und Maude«

Die Jahre ab 1976 waren für meine Entwicklung mit die wichtigsten – vielleicht deshalb, weil ich nun langsam die Rollen spielte, die meinem Alter gemäß waren. Es mag merkwürdig klingen, aber dadurch wurde mir persönlich das Älterwerden gar nicht bewußt.

Damals, als John mit mir den »Biberpelz« und den »Roten Hahn« drehte, habe ich die Wolffen und die Fielitzen »gespielt« – jetzt aber *war* ich die Fielitzen, jetzt wußte ich, was »alt sein« bedeutet, jetzt fühlte ich die Krankheiten und Beschwerden am eigenen Körper.

1976 geschah etwas sehr Entscheidendes: Ich sah einen Film mit dem Titel »Harold und Maude« – und ich war überwältigt. Mich rief der Verlag an, sagte: »Wir haben das Theaterstück«. Meine Antwort: »Nein, nach diesem Film unmöglich. Niemals.«

Aber dann schickte man mir Fotos von der Pariser Aufführung. Dort hatte es Jean Barrault mit seiner Frau Madeleine Renaud gespielt, ich las das Stück, vom Autor selbst eingerichtet. Das überzeugte mich, und ich muß sagen, selten ist eine Umwandlung vom Film zum Theater so geglückt.

Was soll ich viel erzählen: Premiere war am 25. November 1976 im Ernst Deutsch-Theater in Hamburg. Regie führte behutsam Friedrich Schütter, das Bühnenbild machte Martin Ruprecht, der wirklich junge Harold war Helmut Stauss. Seine oberflächliche Mutter spielte Edith Schneider, die prachtvolle Frau von Peter Mosbacher. Drei Jahre später spielten wir es noch mal – als Freilichtaufführung auf einer der schönsten Naturbühnen: In Feuchtwangen.

Eine kleine Geschichte zur Besetzung möchte ich erzählen, weil sie mir nämlich zwei Freundschaften eingebracht hat, die bis heute gehalten haben.

Während ich die »Hebamme« spielte, suchte ich verzweifelt nach

1976 In *Harold und Maude*. Ernst Deutsch-Theater Hamburg

1976 Mit Helmut Stauss in *Harold und Maude*

einem siebzehn- bis achtzehnjährigen Jungen, der den Harold spielen könnte. »Harold und Maude« ist ja die ungewöhnliche Liebesgeschichte zwischen eben diesem Jungen und einer Achtzigjährigen. Darin gibt es eine wundervolle, delikate, zärtliche Szene, nämlich die Liebesnacht zwischen diesen beiden. Was muß da nicht alles bedacht werden, damit beim Publikum keine Peinlichkeit, kein falsches Lachen aufkommt: Der Junge mußte naiv sein, sauber in der Ausstrahlung, sozusagen ein reiner Jüngling ohne jede Schlüpfrigkeit. Trotzdem witzig, mit makabren Humor, kein Revoluzzer, aber aufmüpfig der Mutter gegenüber.

Kurzum, wir suchten einen Wunderknaben.

Man gab mir zwei Namen, Schüler der Schauspielschule Berlin, wir trafen uns zu dritt nach meiner Vorstellung. Ich sah sie sitzen – ein Blonder und ein Dunkelbrauner. Auf Anhieb wußte ich, wen ich wollte, aber wie sollte ich das dem anderen beibringen? Wir drei hatten sofort einen »Draht« zueinander, so daß ich noch mehr ins Drucksen kam. Ich überlegte nach den richtigen Worten, um den Blonden nicht zu verletzen, legte mir Sätze zurecht – da stotterte er auf einmal: »Frau Meysel, es tut mir leid, aber ich muß Ihnen sagen, Sie haben eigentlich gar keine Wahl. Ich will nämlich nicht spielen, ich möchte lieber singen. Ich glaube, ich gehe lieber diesen Weg.« Er ist ihn gegangen, und er ist ihn großartig gegangen: Klaus Hoffmann.

Ich lag mit dem Dunkelbraunen richtig, ich hatte meinen Übersensiblen gefunden: Helmut Stauss. An diesem Abend haben wir von Herzen gelacht, und ich wünschte mir, alle Probleme ließen sich so leicht lösen.

Mein Direktor Friedrich Schütter hat sich so über den Erfolg gefreut, den wir mit »Harold und Maude« hatten, daß er mir am Premierenabend eine neue Rolle versprach, von der ich nur zu träumen wagte: »Wassa Schelesnowa«, von Maxim Gorki.

Beiden Verlegern verdanke ich viel. Senator Burda (linke Seite) und Axel Springer,
u. a. Stifter der Fernsehpreise »Bambi« und »Goldene Kamera«

Der Sternprozeß 1978

Ich stand auf dem Kölner Flughafen, hatte mir als zeitliche Überbrückung bis zum Abflug den »Stern« gekauft – und sah fassungslos auf das Titelbild. Da tippte mir jemand auf die Schulter: »Empörend, nicht?«

Alice Schwarzer.

Wir sahen beide auf das junge Mädchen mit dem winzig kleinen Höschen, deren – man muß es so deutlich sagen – »Geschlecht« sich direkt in den Fahrradsattel hineinpreßte. Eines dieser Fotos, die auf obszöne Weise nur auf hohe Verkaufszahlen aus sind.

Ich, als ständige Leserin dieser Illustrierten, war empört. Nein, das hatte dieses Journal wirklich nicht nötig.

Alice fragte: »Machst du mit, wenn wir dagegen angehen?«

»Sofort.«

Acht Tage später ging das Telefon: »Also, wir sind zehn Frauen, außer uns die Schriftstellerin Luise Rinser, die Wiener Schauspielerin Erika Pluhar, zwei Berliner Sekretärinnen, zwei Hausfrauen ... Rechtsanwältin ist Frau Dr. Wild, erste Klasse. Aber jede von uns muß mit zehntausend Mark für die Prozeßkosten rechnen.«

Gesagt, getan. Für die gesamte Presse – man darf ohne Übertreibung sagen »des In- und Auslandes« – ein gefundenes Fressen.

Dann fand der Prozeß statt. Es war ein so großer Andrang von Presse und Publikum, daß das Gericht in einen größeren Saal am Karl-Muck-Platz in Hamburg umziehen mußte.

Alle kamen auf ihre Kosten, es wurde zwischen großem Gelächter, aber auch sehr großem Ernst verhandelt.

Um es kurz zu machen – wir haben mit Pauken und Trompeten verloren. Aber der Richter hielt nach der Urteilsverkündung eine Rede, daß alle, und ich glaube, auch Herr Nannen, die Luft anhielten. Sinngemäß sagte er etwa folgendes: »Meine Damen, heute, 1978, muß ich Sie, weil unsere Gesetze nichts anderes zulassen, verurteilen. Aber in zehn oder zwanzig Jahren wird das anders sein, dann werden Sie Recht bekommen.«

1978 Sternprozeß. Mit Alice Schwarzer

1978 Sternprozeß. Am Tisch Alice Schwarzer (links) und Henry Nannen (rechts)

Der Tod meiner Madka

Es war der einschneidendste Moment meiner letzten Jahre, denn von da ab wußte ich: Jetzt bist du allein. Es gibt meine Schwägerin Herta und meine Nichte Christiane, aber die beiden haben natürlich ihr eigenes Leben, haben ganz andere Interessen. Trotzdem halten wir zusammen.

Madka lebte die letzten Jahre bei mir, nahm nicht nur Teil an meinem Leben, nein, sie war ein Teil meines Lebens.

Wenn ich abends spielte, wenn ich am Tag drehte – sie spielte, sie drehte mit. Sie kannte jedes Wort meiner Texte. Bis zuletzt wußte sie die Titel der Stücke, in denen ich gerade spielte. Selbst noch im letzten Jahr ihres Lebens, als der Kopf nicht immer klar war, fragte sie mich, wenn ich gegen Mitternacht nach Haus ins Schlafzimmer kam: »Na, Julius, wie waren die Leute heute?«

Sie wundern sich sicher – Julius? Ja, die letzten zwei Jahre vor ihrem Tod hat sie angefangen, mich beim Namen meines Vaters zu nennen.

Zuerst dachte ich: »Ein Versprecher.« Aber als ich sagte: »Madka, hier ist Inge«, lächelte sie verschmitzt und sagte: »Ich weiß, Julius.«

Und dabei blieb's bis zum Ende.

Das Ende? Ich spielte im Juli 1980 in Feuchtwangen während der Festspiele noch einmal »Harold und Maude«. Sie kannte das Stück auswendig, hatte es in Hamburg zig Mal gesehen.

Am 30. Juli feierte sie im Bett ihren 90. Geburtstag, aber sie glaubte fest, es sei ihr 100. Um sie herum lauter Freunde, und ihr Liebling Christiane, Herta, Frau Müller, ihre Betreuerin, und die Krankenschwester. Am Telefon sagte ich ihr: »In drei Tagen, wenn ich komme, feiern wir noch mal.«

Nein, ich konnte nicht mehr mit ihr feiern, sie war tot. Als alle am Geburtstagabend gegangen waren, hat sie ihre Zähne herausgenommen, auf den Nachttisch gelegt, die Lippen fest zusammengepreßt, den Mund zugekniffen.

1982 Mit meiner kranken Mutter

Madka, Herta und ich

Am nächsten Morgen haben Herta, Christiane, Frau Müller – haben sie alle gebeten: »Madka, mach den Mund auf, du mußt was trinken.«

Sie schüttelte den Kopf. Der Arzt kam, er schaffte es auch nicht, nicht mal mit einer Kanüle.

Madka, du Dickschädel! du Generalin! du wolltest hundert werden, und für dich hast du es ja auch geschafft.

Grete, Madka, gib mir in meiner Todesstunde deine Kraft!

Mit meiner Mutter in Berlin

Zwei kleine Geschichten

Es war an Madkas 87. Geburtstag. Damals flog ich nach Berlin, kam an, wie immer tranken wir ein Glas Champagner zusammen. Ich ging ins Badezimmer und bemerkte plötzlich: der Spiegel über dem Waschbecken war bis zur Decke hochgehängt. Man sah, wenn man sich auf die Zehenspitzen stellte, nur noch seinen Haaransatz.

»Madka, Madka – was soll das? Warum hängt der Spiegel so idiotisch hoch?«

Sie sah mich lieb lächelnd an:

»Ach Inge«, und sie strich sich übers Gesicht, über den Hals und ihr Dekolleté, »ich kann das nicht mehr sehen.«

Und noch eine Geschichte zum selben Thema.

Ich bekam eines Tages von ihr aus Berlin auf offener Karte einen Gruß:

»Liebes, ich sag' dir eines: die Jahre sind keine Kavaliere.

Deine Madka.

P.S. Ich schreibe es dir jetzt schon, damit du nicht eines Tages so erschrickst wie ich.«

Und eines Tages stand ich wirklich vor dem Problem Falten: Unübersehbar.

Nein Madka, ich bin nicht erschrocken. Ich sage es mir oft und kann es für andere gar nicht genug wiederholen:

Weder Gymnastik noch Cremes erhalten einen »jugendlich frisch«. Der Kopf ist es, das Gehirn.

Um fähig zu bleiben zu denken und zu fühlen, sollte man im Leben niemals aufhören das Gehirn zu trainieren. Neugierig bleiben, die Augen offen halten! Erst wenn ein Mensch anfängt, sich abzukapseln, wird dieser Mensch wirklich alt.

Arbeit ist das beste Mittel gegen Altern. Aber eine Arbeit, die man mit Lust und Liebe macht – also fast wie ein Hobby. Um Gottes willen keine Arbeit als »Narkotikum« gegen Einsamkeit.

Humanes Sterben

Über den Tod denkt wahrscheinlich jeder nach. Doch sicherlich auf verschiedene Weise: manche mit Angst, was mich betrifft, mit Gelassenheit, als etwas Selbstverständliches; so, wie ich lebe, so werde ich eines Tages nicht mehr sein, so, wie man mir das Leben geschenkt hat, wird es mir eines Tages genommen werden. Wenn man im Leben von vielen hat Abschied nehmen müssen, bekommt man eine andere Einstellung.

Aus nächster Nähe erlebte ich das mühselige Sterben meiner Madka – nach ihrem Oberschenkelhalsbruch und der darauffolgenden Operation hatte sie viel, viel Kummer. Das neuerliche Laufenlernen verursachte große Schmerzen, also legte sie sich immer zu Bett. Und eines Tages war ihr Rücken durchgelegen. Alles taten wir, um es wieder zu heilen – ich kaufte einen Gummireifen, damit die wunden Stellen nicht mehr das Bettzeug zu berühren brauchten.

Was soll ich viel erzählen? Hunderttausende kennen das.

Und wenn sie uns dann ansah – Herta, Christiane und mich anblickte, um Hilfe bat – nein, wir waren feige, verwöhnten sie. Aber helfen? Wirklich helfen? Nein, helfen half ihr keiner.

So war sie der Anlaß, daß ich nach ihrem mühseligen Tod zu einem Treffen der Mitglieder »Humanes Sterben« in Hamburg ging.

Zu meinem Erstaunen waren da nicht nur alte oder ältere Menschen, sondern mindestens zwanzig Prozent 30- bis 40jährige. Frauen und Männer, zuerst habe ich es gar nicht glauben können.

Von diesem Tag an habe ich mich mit dem Gedanken an den Tod auseinandergesetzt, so daß ich 1982 in der »Gesellschaft für Humanes Sterben« Mitglied wurde.

Und für manch einen normalen Bürger wahrscheinlich etwas makaber – ich habe angefangen, Tabletten zu horten und mußte dabei oft an das »3. Reich« denken – wieviele Menschen hatten es damals getan, um keinen anderen, nämlich einen vom Staat verordneten Tod zu sterben.

Ich befürworte das »humane Sterben« nicht um jeden Preis, doch ich denke, daß es jedem Menschen erlaubt sein muß, sein Leben so zu leben, wie sie oder er es will; das bedeutet aber auch, sterben zu dürfen, wie sie oder er es will. Und keine Institution, weder der Staat noch die Kirche, noch die Herren Ärzte, von denen mancher so tut, als ob unser Herrgott persönlich mit ihm verkehrt, haben das Recht, sich in den letzten Wunsch eines Menschen einzumischen.

307

»Der rote Strumpf«

Das Angebot in einem Kinderfilm zu spielen kam aus heiterem Himmel.

Der junge Markus Trebitsch, den ich jahrelang nicht gesehen hatte, Sohn von Professor Gyula Trebitsch, tauchte 1980 mit einem Drehbuch auf: »Der rote Strumpf« nach dem Kinderbuch von Elfie Donnelly.

»Inge, es wird mein erster Film, spielst du mir diese Verrückte?«

Ich las das Drehbuch, lernte den für den Film vorgesehenen Regisseur Wolfgang Tumler und den Kameramann, ein Freund schon vor Jahrzehnten, Petrus Schloemp, kennen und sagte sofort ja!

Zum Inhalt: Frau Maria Panacek trägt einen schwarzen und roten Strumpf, da sie davon überzeugt ist, daß ein roter Strumpf – wegen der Farbe – ein frierendes Bein besser wärmt. Die kleine Mari findet das zwar sonderbar, aber läßt sich überzeugen. Ihre Eltern und ihre Schulfreundinnen bleiben allerdings skeptisch, besonders als sie erfahren, daß diese Frau Panacek in einem Heim für psychisch Kranke lebt. Dennoch werden sie und das Kind Freundinnen. Oder auch gerade deswegen. Und hinzu kommt ein Phänomen, daß nämlich Kinder und alte Menschen einander oft intuitiv verstehen, auch, wenn sie verschiedene Worte gebrauchen.

Es gäbe über diese mir liebste und wichtigste Arbeit eigentlich nichts weiter zu berichten, wenn sich das Verhältnis zwischen der Mari und mir nicht während der Dreharbeiten völlig geändert hätte.

Die neunjährige Tochter des Regisseurs, Julie, die ich beim Eisessen einen Tag vor den Dreharbeiten kennengelernt hatte, sah mich am ersten Drehtag nun das erste Mal in meiner Rolle: Heruntergekommen, ergraut, ungeschminkt und verwahrlost in alten, abgetragenen Klamotten. Und am zweiten Tag sagte sie:

»Mit dir will ich nicht mehr spielen, du stinkst.«

»Bist du verrückt, es sind alles gereinigte Sachen, hör auf zu spinnen.«

Aber nein, trotz Vaters Zureden wollte sie nicht mehr; jeden Tag mußte sie aufs Neue überredet werden. Es wurde langsam zur Qual! Und eines Tages platzte mir der Kragen endgültig:

»Hör zu, ich sage dir eines: am letzten Drehtag, wenn ich dich nicht mehr brauche, knalle ich dir eine, daß du die Engel im Himmel singen hörst.«

»Das erlaubt mein Vater nicht, er hat mich nie geschlagen.«

»Gut, dann bin ich die erste.«

Der letzte Tag, die letzte Szene im Auto. Tumler sagte:

»Gratuliere, unser Film ist zu Ende.«

Sie sprang aus dem Auto, ich ebenfalls und hinter ihr her: Sie rannte die Straße hinunter, verschwand um drei Ecken und blieb stehen, bis sie mich eingeholt hatte:

»Wag es nicht!«

Ich sagte nichts, ich verpaßte ihr die längst fällige Ohrfeige. Sie drehte sich um und ging fort, ich selbst trottete mit schlechtem Gewissen hinterher. Wir fuhren alle zusammen nach Hause, und sie hat mich während der Fahrt kein einziges Mal mehr angesehen.

Abends war wie immer ein Abschiedsfest, ich hatte mich schick gemacht, Hütchen mit Schleier, damit man die fettigen Haare nicht sah. Wir aßen, tranken und lachten und plötzlich krabbelte unter dem Tisch jemand an meine Beine, ich hob die Tischdecke, sie lachte mich an und sagte:

»Jetzt stinkst du nicht mehr, jetzt kann ich dich wieder leiden. Gehen wir morgen ein Eis essen?«

1985 erschien zu meinem Geburtstag ein hübscher Teenager, gratulierte mir und sagte: »Erkennen Sie mich? Ich bin der rote Strumpf.«

Der Film wurde ein Erfolg, er wurde zuerst auf der »Berlinale« gezeigt und gewann auf einem Filmfestival in Kanada den Jugendfilmpreis.

Und im Fernsehen ist er inzwischen schon dreimal gesendet worden. Und wunderbarerweise immer am 24. Dezember nachmittags, wo alle Kinder und Erwachsenen zusehen, bis am Abend der Weihnachtsbaum angezündet wird.

Eines hat er mit seiner Problematik darüber hinaus bei mir bewirkt. Mein Engagement für ältere, einsame Menschen, Altersheime, Kranke, Kinder und Behinderte – meine Hilfsbereitschaft ist geweckt worden. Ich nehme meine Gesundheit – meine Wachheit – mein »Denken können« nicht mehr als selbstverständlich hin, ja, ich bin mir dieser »Gnade« sehr bewußt geworden.

»Wassa Schelesnowa«

Durch viele Fernsehfilme vertraglich gebunden, kam es erst Ende 1980 zur Inszenierung »Wassa Schelesnowa« des großen russischen Dichters Maxim Gorki im Ernst-Deutsch-Theater. Unser Regisseur war Karl Paryla, eines meiner größten künstlerischen Erlebnisse.

Ich habe viele Besessene im Beruf erlebt, aber solch einen Vulkan – nie! Dabei war er schon fünfundsiebzig – nicht auszudenken, was passiert wäre, wenn wir uns früher begegnet wären!

Manch junger Regisseur könnte sich von seiner Kraft und seiner Phantasie eine Scheibe abschneiden.

Meinen Mitspielern Kyra Mladek und Robert Dietel erging es mit Paryla wie mir. Wir verfielen ihm sozusagen. Wir waren Ton in des Töpfers Hand.

Die Arbeit mit ihm war wundervoll, mit vielen fruchtbaren Auseinandersetzungen, mit gegenseitigen Knuffen und Streicheleinheiten. Und gerade deswegen kam eine Aufführung zustande, die laut Kritiken zu den besten der Hamburger Theatersaison 1980 zählte:

»Man kennt ja fast jeden Schauspieler dieser Produktion. Doch mitunter ist es so, als habe Paryla einem jeden ein anderes Gesicht, eine neue Persönlichkeit aufgesetzt. Doch nicht, indem er die vorhandene abwürgte, er baute vielmehr darauf auf. Heraus kam großartiges Theater.

Auch bei Inge Meysel. Einst ›Mutter der Nation‹, liefert sie ganz neue Töne ab, weist Charakter auf ... Wie sie das macht, das löst Bewunderung aus. Paryla entlockt ihr bisher nie gehörte und gesehene Töne, Blicke und Gesten. Er gibt ihr ein völlig neues Image ... Paryla macht die russische Wirklichkeit vor 1918 so plastisch, so unheimlich, so atemberaubend, daß einem selbst der Atem vergeht. Riesenapplaus für alle Beteiligte.« (Die Welt)

Anschließend machten wir eine große Deutschland-Tournee, und das Fernsehen zeichnete die Aufführung auf.

1983 In *Wassa Schelesnowa* von Maxim Gorki. Ernst Deutsch-Theater Hamburg

1983 Mit Karl Paryla in *Wassa Schelesnowa* von Maxim Gorki

1983 Mit Ursula Clarsen (im Vordergrund), Kyra Mladeck und Katja Brügger
in *Wassa Schelesnowa* von Maxim Gorki

1983 In *Wassa Schelesnowa* von Maxim Gorki

»Das Geschenk«

Aus Berliner Zeiten um 1955 meldete sich ein alter Freund, damals Redakteur bei der »BZ«. Er war zu einem der bedeutendsten Produzenten geworden, der nimmermüde, glänzende Wolfgang Rademann. Und hatte einen literarischen Leckerbissen gefunden, »Das Geschenk« von Marcus Scholz.

Warum ich aus den vielen Fernsehspielen dieser Zeit gerade dieses Stück hervorhebe, hat allerdings auch noch einen anderen Grund.

Dieses »Geschenk« war ein letztes Geschenk vom Schicksal, nämlich die letzte Arbeit mit einem Freund – und mit diesem Wort gehe ich sehr behutsam um: mit Wolfgang Kieling.

Seit unserer ersten gemeinsamen Arbeit, dem »Roten Hahn« von Hauptmann, waren dreißig Jahre vergangen, doch niemals hatten wir uns aus den Augen verloren, egal, ob er irgendwelche politische Kapriolen schlug, die ihn sozusagen an den Abgrund führten und er dadurch ins Uferlose fiel – einer konnte den anderen anrufen, sich auf Rat und Tat verlassen.

Und als er 1985 krank wurde, verbrachte er noch einen Tag bei mir in Bullenhausen, er saß an der Elbe und wir redeten und redeten. Danach ging er ins Krankenhaus.

Dort besuchte ich ihn Tag für Tag und beide haben wir so getan, als ob seine Krankheit ein Kinderspiel wäre, wir haben debattiert und gelacht. Und als ich zum Drehen aus Hamburg fortmußte, habe ich gesagt: »Mach keine Dummheiten, während ich weg bin.«

Am Nachmittag seines Todes hat er nach mir gefragt, seine Töchter Susanne und Anette waren bei ihm und Anette hat es mir später erzählt.

Zum zweiten Mal in meinem Leben war ich nicht da, als ein von mir geliebter Mensch mich vielleicht gebraucht hat. – Ich bin überzeugt, daß sich mein John und Wolfgang »oben« getroffen haben. Hoffentlich wird die Standpauke, die beide mir halten werden, nicht allzu schlimm ausfallen, wenn ich bei ihnen eintreffe.

1984 Mit Wolfgang Kieling in *Das Geschenk* von Marcus Scholz. ZDF

Mein Clownauftritt in *Stars in der Manege*, Cirkus Krone

Mein 75. Geburtstag

Kein Mensch kann so oft und so viel DANKE sagen, wie ich es eigentlich sagen müßte für den 30. Mai 1985. Ich werde es auch nicht schaffen, alle aufzuzählen, die mich sozusagen »geehrt« haben an diesem Tag. Also lasse ich das, und sage, von A–Z war alles da: Von ARD bis ZDF.

Am Vorabend sendete das 1. Programm um 20.15 Uhr ein Gespräch mit Werner Baecker und mir – einem alten Freund aus Rundfunktagen, und anschließend wurde der 1. Teil der »Unverbesserlichen« gezeigt. Und am »Jubeltag« dann eine von Markus Trebitsch produzierte Gala, die erste dieser Art im ZDF.

Ich habe nie gewußt, wieviel Freunde ich hatte, aber sie haben sie alle aufgetrieben: Schulfreundinnen, Kolleginnen und Kollegen aus der Anfangszeit bis heute. Und alle meine Kinder, die ich in den vielen Fernsehspielen hatte. Als ich sie so sah, erwachsen, reifer geworden, gestandene Frauen und Männer, da wußte ich, wie alt ich wirklich war.

Da war die Brigitte Grothum, Ingeborg Körner, der Volker Lechtenbrink, der Ernst Jacobi, Dinah Hinz, die Sansoni, der Peter Striebeck, da waren Thomas Fritsch, Rainer Brand, Gunnar Möller und Helmut Stauss. Reinhard Mey sang, Lea Rosh befragte mich.

Meine Regisseure: Dieter Wedel, Peter Beauvais, der Kehlmann, Marcus Scholz, der Claus-Peter Witt, der Tressler, Franz J. Gottlieb waren alle gekommen. Und mein hochverehrter Opernintendant Professor Rolf Liebermann. Und natürlich meine Produzenten Professor Gyula Trebitsch und Hans Redlbach. Auch die Politik gab sich die Ehre – Hamburgs Erster Bürgermeister Klaus v. Dohnanyi und Kultursenatorin Helga Schuchardt. Und durch den Abend führte exzellent Peter v. Zahn. Also, ich will wirklich nicht angeben, aber es war schon stattlich, was da so zusammenkam.

Schließlich habe ich noch meinem Publikum dafür danken dürfen, daß sie abends den Knopf drücken und mich sehen wollen.

Johannes Heesters bei meinem 75. Geburtstag

v. l. n. r.: Meine Kinder. Julie Tumler, Monika Peitsch und Ingeborg Körner

Der Erste Bürgermeister von Hamburg Klaus von Dohnanyi und seine Frau

Professor Rolf Liebermann

Den anderen, die mich nicht mögen, habe ich geraten: drücken Sie einfach einen anderen Knopf – wie praktisch!

Und dann gab's vier Wochen im Juni auf allen Kanälen »Meysel satt«.

Eine ganz besondere Überraschung hatte sich die »Hör zu« ausgedacht, für die ich noch heute dankbar bin, denn wer kriegt schon so was! Eine Reise nach Wien, und dort durfte ich etwas, was noch niemals eine Frau durfte, nämlich in der spanischen Hofreitschule in Wien in vollem, für mich extra geschneidertem Ornat einen Lippizaner besteigen und das Rund der berühmten Halle auf einem Wunder von Pferd, flankiert von zwei »Hofreitern«, entlangreiten. Was für ein Erlebnis! Allein dafür hatte es sich gelohnt, 75 zu werden. Oh John, wenn du das erlebt hättest, eine Piefkenisin in deinem geliebten Wien in der spanischen Hofreitschule.

Und als ich nach der Geburtstagsfeier endlich gegen frühmorgens im Bett lag – immer noch wach, immer noch bewegt – hab' ich gedacht: jetzt einen Herzinfarkt, das wäre ein Abschluß.

Dann bin ich eingeschlafen, und als ich aufwachte, die Sonne schien, bin ich in den Garten gerannt und habe zum Himmel geschaut: Danke, lieber Gott, daß Du mit dem Herzschlag noch ein wenig gewartet hast.

P.S. Als mir 1990 zum achtzigsten Geburtstag wieder eine Ehrung zuteil werden sollte, bin ich mit Regine Lutz ganz schnell nach Capri gereist. Und am Tag meines Geburtstages sind wir früh um sieben mit einem Fischer mehrmals mutterseelenallein in der sonst überfüllten Blauen Grotte umhergefahren. Das war ein Geschenk, das die Natur mir machte – allerdings gegen kräftige Bezahlung.

Inge Meysel bei der Spanischen Hofreitschule zu Wien auf einem
weißen Lippizianer

Der Unfall

Es geschah während der Tournee mit dem Stück »Teures Glück« im Dezember 1987 in einem Hotelzimmer in Recklinghausen. Mitten in der Nacht verspürte ich einen stechenden Schmerz in meinem Knie. Was heißt Knie? Es hatte seine Gestalt verändert und war dreimal so dick geworden. Als ich aufstehen wollte, konnte ich auf dem Bein nicht mehr stehen.

Am nächsten Morgen erkundigte ich mich nach einem Orthopäden, und bevor dieser auch nur ein Wort sagen konnte, sagte ich ihm: »Herr Doktor, ich muß heute abend spielen und die nächsten Abende auch, was mach' ich? Absagen geht nicht, ich kann nicht 800 bis 1000 Menschen ins Theater kommen lassen und ihnen am Eingang sagen: ›Tut mir leid, Frau Meysel hat ein dickes Knie und kann leider nicht auftreten!‹ – Was ist es überhaupt? Ich habe so etwas noch nie gehabt?«

»Es könnte, was wir nicht hoffen wollen, eine Meniskusentzündung sein.«

Am Abend habe ich gespielt, mit Spritzen und einem festen Verband. Kerstin de Ahna, meine Mitspielerin und ich waren das ganze Stück durchgegangen, wohin, wann und wie ich mich während der Aufführung setzen konnte, einen richtigen Schlachtplan haben wir entwickelt. Die Menschen im Parkett haben nichts gemerkt.

Am nächsten Tag dasselbe in Köln, drei Abende folgten, dann war Gott sei Dank eine Pause im Tourneeplan vorgesehen und ich konnte nach Hause.

Tags darauf bin ich in die Orthopädie zu einem berühmten Professor: »Wahrscheinlich ist es der Meniskus – kommen Sie also gleich nach Weihnachten in die Klinik zur Untersuchung.«

»Wieso Klinik?«

»Weil diese Untersuchung nur mit Narkose durchzuführen ist.« Gesagt, getan!

Als ich aus der Narkose wieder aufwachte, war ich – stumm. Der Professor an meinem Bett lachte: »Das ist manchmal kurz nach

der Narkose so, sie werden schon wieder genug reden können.«
Und: »Glück gehabt, keine Meniskusoperation.«

Alles weitere interessierte mich nicht an diesem Tag, ich lag da und ließ mich verwöhnen.

Aber am nächsten Tag konnte ich noch immer nicht sprechen. Vom Knie sprach niemand mehr, stattdessen drückte man mir eine Tafel und ein Stück Kreide in die Hand und beruhigte mich:

»Die Stummheit ist wahrscheinlich durch die Narkose bedingt.«

Drei Tage später fand sich an meinem Bett allerdings Professor Neumann aus der Hals-Nasen-Ohren Klinik und stellte eine »Lädierung des Stimmbandes durch den Narkoseschlauch« fest. Wahrscheinlich sei ein zu dicker Schlauch gewählt worden.

Aus der Klinik wurde ich jetzt zwar entlassen, denn mit dem Knie war ja alles in Ordnung, aber meine Stimme? Jetzt brach bei mir die Panik aus: Ohne Stimme war ich nichts mehr!

Ich rannte von Arzt zu Arzt. Der eine sagte »abwarten«, der andere »operieren«. Ich krächzte weiter.

Es folgte ärztlich verordneter Sprachunterricht. 72 Jahre habe ich natürlich geatmet, jetzt wollte man mir weismachen, ich hätte 72 Jahre eben falsch geatmet.

Und dann der Rat eines Schauspielerkollegen: Professor Kittel in Erlangen. Und dort blieb ich drei Wochen in der Klinik.

Inzwischen verschob die Phönix Film in Berlin Monat für Monat meinen »Mrs. Harris fährt nach Moskau«-Film – mit unendlichen Schwierigkeiten, denn die Schauspieler, die bereits verpflichtet worden waren, mußten bezahlt werden.

Ich ging wieder nach Erlangen, noch einmal dieselben medizinischen Prozeduren. Endlich sagte mir der Professor:

»Besser als jetzt wird's nicht mehr, ich finde, es geht. Die einzige Alternative: Operation. Aber ob es sich nach der Operation wirklich verbessert, läßt sich mit Gewißheit nicht sagen.«

Da habe ich mich entschieden: Keine Operation. Und ich begann mit fünfmonatiger Verspätung wieder zu drehen.

Dank meinem liebevollen Regisseur, den ich nicht mehr »Gottlieb«, sondern »lieber Gott« nannte, so dankbar war ich ihm, schaffte ich es. Ganze Sätze, in denen Worte vorkamen, die ich noch nicht deutlich aussprechen konnte, mußten geändert werden; und wenn es an manchen Tagen gar nicht ging, durfte ich flüstern, einige Monate später wurde es im Studio nachsynchronisiert.

Ich habe in dieser Zeit viel Liebe und Freundschaft erfahren. Nur ein Mensch hat sich nie gemeldet, die Anästhesistin, die diese »Lädierung« des Stimmbandes verursachte. Sie hat nie ein Wort der Entschuldigung gefunden – ich habe sie vergessen, verzeihen werde ich ihr nie.

Wenn ich an diese Tage, diese Wochen und Monate zurückdenke – nein, manchmal will ich es gar nicht.

Die Tage gingen noch, ich übte und übte. Da war der »Kleine Hay«, das Sprachübungsbuch für Schauspieler. »Barbara saß nach am Abhang« – immer wieder – mit Korken zwischen den Zähnen, aber auf dem Korken durfte kein Zahnabdruck zu sehen sein, dann hatte ich »gekrampft« – »locker, Frau Meysel«, locker, also noch einmal: »Barbara saß nach am Abhang«.

Wie gesagt, die Tage gingen noch mit diesen Übungen, »na, sehen Sie Frau Meysel, es wird doch schon, nur üben und nochmals üben«.

Aber die Nächte. Dieses plötzliche Aufwachen, schweißgebadet, wieder probieren, dann die Selbstbeschwichtigung: Gib Ruhe, du sollst doch die Stimmbänder nicht zu sehr strapazieren. Die Gedanken: »Belügen sie dich nicht? Wird es überhaupt wieder werden?«

Ich muß etwas gestehen: irgendwann fiel mir Oma Hansen ein.

Vor ungefähr 65 Jahren, ich muß so zehn, mein Bruder Harry fünf Jahre alt gewesen sein. Wenn Julepa und Grete, wie immer, ausgegangen waren, spielte sie mit uns Sechsundsechzig oder erzählte uns etwas. Ja, und jetzt, in diesen grübelnden Nächten fiel mir die Geschichte von dem Kaiser ein, der nur 99 Tage regieren konnte, weil er auf den Tod erkrankt war – ja, natürlich, das war's.

Wieso hab' ich nie mehr daran gedacht? Kehlkopf-Stimmbänder, nein, das Wort »Krebs« kam nie in ihren Erzählungen vor, aber die Verse, die der kranke Kaiser selbst dichtete: »Wer nie in kummervollen Nächten auf seinem Bette weinend saß«, und der Schluß: »Der kennt Euch nicht, Ihr Schicksalsmächte.«

Ich habe später und bis jetzt noch nicht herausbekommen, wann genau mir Oma Hansen mit ihrem Gedicht eingefallen ist, unser Weinen über den armen 99-Tage-Kaiser, der stumm sterben mußte, aber irgendwo muß mein Unterbewußtsein diese Kindererinnerung heraufbeschworen haben?

War es meine Angst? Was ist, wenn du es nicht mehr schaffst, nie wieder auf einer Bühne stehen kannst? Aber es hat auch meinen Willen, meinen Trotz und meine Verbissenheit geweckt – »Nein, du bist nicht krank, du bist ›lädiert‹, aber mit Geduld kannst du es schaffen! Mit Geduld!«

Ich hab's geschafft.

Aber eines möchte ich vielen sagen, denn Hunderte haben mir von ähnlichen Narkosefehlern geschrieben. Bitte nicht verzweifeln, immer wieder mit eiserner Disziplin üben, nur damit sie es wissen: Jeden Tag, heute noch, mache ich meine Sprachübungen, ich, als einundachtzigjährige Frau.

Geduld haben ist alles, hat ein Dichter gesagt, ich glaube, es war Rilke. Oh, dieses Wort: Geduld!

Spätes Glück nicht ausgeschlossen

Mühselig hatte ich meine Sprache wiedergefunden. Da kam Markus Trebitsch mit einem Drehbuch der Wiener Schriftstellerin Winiewicz.

Ein älteres Artistenpaar, das so dahinlebt – er noch immer ein Schwerenöter, der gern »fremdelt«, sie dadurch leicht verbittert, einen Ausweg suchend. Aber dann reicht es ihr endgültig – bei einer neuen Liaison des Ehemannes packt sie noch in derselben Nacht ihren Koffer und, Verzeihung für das harte Wort, haut ab. Und wie's so ist im Leben, erst wenn man etwas verliert, merkt man seinen Wert! Ein neuerlicher Versuch beginnt: »Spätes Glück nicht ausgeschlossen«.

Er nannte mir mehrere Partner: Schönböck? Sehr gut, aber zu schön, kein Artist, zu jung. Raddatz? Ebenfalls kein Artist. Preis? Unsinn, ein Herr! Und als niemand mehr an das Zustandekommen des Filmes glaubte, kam Markus zu mir und sagte: »Schroth«.

»Schroth?«

Wir waren seit Hamburger Zeiten am Thalia Theater nicht mehr zusammengekommen – immerhin 30 Jahre. Und kein Produzent hatte je den Vorschlag gemacht: »Wie wär's mit Meysel–Schroth?« Ich lachte Markus Trebitsch aus:

»Schroth? Macht der nicht, kenn' ich von früher – meine Rolle ist besser als seine.«

Auf Anregung von Dr. Kienzle, Leiter der ZDF-Fernsehunterhaltung, flogen dessen rechte Hand, Frau Lange und Markus Trebitsch nach Orta zu Carl Heinz Schroth. Der las das Drehbuch und sagte sofort zu.

»Ja, aber Kinder, wer soll die Frau spielen?«

Markus druckste ein wenig herum und sagte dann:

»Die Meysel«.

»Die Meysel? Macht die nicht, kenn ich von früher. Meine Rolle ist besser als ihre.«

Inge Meysel und Carl Heinz Schroth

Worauf Trebitsch und Frau Lange aus einem Mund sagten:

»Aber sie hat uns doch hergeschickt, Sie sind ihr Wunschpartner.

»Ernsthaft?«

Beide nickten eifrig.

Auf dem Sofa saß still und bescheiden Barbara, seine Frau, und sagte gar nichts. Aber unter uns: Sie war es, die die Partnerschaft Schroth-Meysel als erste angeregt hatte mit dem Satz:

»Sie müssen es nur geschickt anstellen. Beide sind nämlich entsetzliche Querköpfe.« – Oh, kluge Barbara.

Und so wurde der Coup von zwei Seiten eingefädelt.

Markus Trebitsch kehrte zurück und meinte:

»Da sieht man wieder einmal deine schlechte Menschenkenntnis, Schroth selbst hat den Vorschlag gemacht, mit dir zu spielen.«

»Was? Schroth? Na, dann nimm ihn sofort!«

Und Regie geführt hat wieder einmal Franz Josef Gottlieb.

Zwischenspiel: Franz Xaver Kroetz

In die Fernsehunterhaltung wär ich nie gekommen ohne Inge Meysel. Wir machten was über Denkfaulheit am Muttertag, und was über Staatsschnüffler, also zum Berufsverbot. Ersteres wird dauernd wiederholt, letzteres nie.

Ich schreib immer noch gern Unterhaltung, aber noch immer nicht die mit dem »Gamsbart zwischen den Haxn und Föhn im Hirn«.

In meinem Stück »Der Dichter als Schwein« gibts ne Riesenrolle für ne kesse Omi. Meine verstorbene Mutter, ein totaler Meysel-Fan, sagte: Das muß die Meysel spielen.

Na ja, das ist wohl vorbei. Kroetz von der Meysel durchgesetzt gehört der Steinzeit des Fernsehens an. Bei »Peter Strohm« schläft man besser ein und bei der »Glücklichen Familie« muß man gar nicht aufwachen.

Brecht meinte, das Volk sei nicht tümlich. Ich hab das Gefühl, er hat sich getäuscht.

Obwohl es bei Inge Meysel stimmt: sie ist nicht tümlich und grade deshalb die große Volksschauspielerin.

Jenseits vulgärer Ranschmeiße und volkssuhliger Fidibumparaden hat sie dem Begriff Anstand, waches Hirn und scharfe Schnauze abgetrotzt.

Gut so.

1975 In *Muttertag* von Franz Xaver Kroetz. ZDF

Ich weiß nicht mehr wo und wann, aber eines Tages las ich eine Geschichte »Muttertag« von Franz Xaver Kroetz, allerdings in bayerischer Mundart.

Ich war so beeindruckt, daß ich mir die Telefonnummer dieses Schriftstellers besorgte. Und genauso, wie ich es Ihnen jetzt erzählte, hat es sich abgespielt.

Ich rief an und eine Frauenstimme meldet sich: »Kroetz«.

»Verzeihung, könnte ich Ihren Mann sprechen?«

»Tut mir leid, der ist tot.«

»Ja, aber, man hat mir diese Nummer gegeben – Franz Xaver Kroetz.«

Die Stimme am anderen Ende lachte: »Der Franzl, das ist mein Sohn.«

»Entschuldigen Sie, hier ist Inge Meysel, ich wollte …« Weiter kam ich nicht.

»Die Meysel? Die Inge Meysel? Mein Gott, was wird sich mein Junge freuen. Wir sind beide ganz große Verehrer von Ihnen, sehen uns alles an – was wollen Sie von ihm?«

»Ich möchte eine Geschichte von ihm spielen. Sie ist wundervoll, aber auf bayerisch, er müßte sie mir auf hochdeutsch schreiben.«

Ich bat um Rückruf und ein paar Stunden später kam ein so bayerisches Gespräch zustande, daß ich mich noch bis heute wundere, daß es überhaupt zu einer Zusammenarbeit kam. »Ja mei, hörens, machens das doch selber«, usw.

»Nein, ich bin kein Dichter, das müssen Sie tun.«

Und dann bekam ich die Geschichte. Noch immer ein bißchen bayerisch, aber nicht ganz bayerisch.

Dieser junge Schriftsteller hatte mich so beeindruckt, daß ich mir sämtliche Theaterstücke von ihm besorgte, wiederum alle auf bayerisch.

Schon bei der ersten Produktion gab es allerdings Schwierigkeiten mit dem Namen Kroetz. Der Sender wollte ihn nicht, er war ihnen politisch nicht genehm. Aber das Wunder geschah. Die Geschichte war so gut, ich setzte ihn durch. Heute noch bin ich stolz darauf. Beim zweiten Anlauf kam es allerdings zum Eklat.

Für die Serie »In allen Lebenslagen« schrieb er mir auf mein Drängen wieder eine Geschichte, dieses Mal allerdings eine politische: »Der Radikalenerlaß«.

Peter Gerlach, damals Chef der Fernseh-Unterhaltung beim ZDF erklärte sich erst nach vielen Querelen, die Geschichte zu bringen, jedoch nur unter einem anderen Titel.

Nun begann ein furchtbares Hin und Her.

Kroetz bestand – mit Recht – auf seinem Titel. Und Peter Gerlach als Verantwortlicher seines Senders bestand – mit Recht – auf seinem Kompromißvorschlag.

Und nach unendlichen Mühen, weil die Geschichte wirklich erstklassig war (Ernst Schröder war mein Partner), einigte man sich auf einen, wie ich fand, völlig sinnlosen Titel: »Die Mitgift«.

Kroetz war der letzte Autor, den ich persönlich beim Fernsehen unterbringen konnte. Aber ich freue mich heute noch darüber, denn ich halte ihn, wie Hochhuth, für einen großen Schriftsteller.

Abbildungen auf den folgenden Seiten:

Seite 342: »Die gnädige Frau«. Die mondäne Millionärin in der Episode *Shopping* von Curth Flatow

Seite 343: »Die Arbeiterfrau«. Resolut und sentimental sorgt sie sich um ihre Familie in dem Stück *Die Mitgift* von Franz Xaver Kroetz

Seite 344: »Die Barmherzige«. Wie es ist, wenn man niemanden mehr auf der Welt hat, davon handelt das Stück *In aller Stille* von Rolf Hochhuth

Seite 345: »Die Bettlerin«. »Die ›Bettlerin‹ war ein Kabinettsstück der Maskenbildnerin – gut drei Stunden hat sie dafür gebraucht. Dann setzte mich der Regisseur Wolfhard an einen Baum und die Kamera wurde an einem gut versteckten Ort aufgebaut. Drei Stunden wurde auf diese Weise heimlich gedreht, um die Reaktionen der Vorübergehenden aufzuzeichnen. Das Resultat: stolze 19 DM in meiner Schachtel. Nie haben die Menschen, die damals in der Reichsstraße in Berlin einem Bettler das Geld vor die Füße warfen, erfahren, daß sie die Bettlerin Inge Meysel ›unterstützten‹. Nie werde ich auch das Gesicht des Bettlers in der Kantstraße vergessen, als ich ihm Stunden später 19 DM in seinen Hut legte.«

Meine Fernsehjahre mit Hans Redlbach

Lieber Leser, ich habe Sie gewarnt: Systematisch kann ich in diesem Buch nicht immer vorgehen. Wenn ich jetzt noch einmal auf das Jahr 1972 zurückkomme, so geschieht es, weil meine Fernsehjahre in Berlin von 1972 bis heute in all den vielen Kapiteln meines Lebens bisher einfach zu kurz gekommen sind. Und eins steht fest: Es waren wichtige Jahre.

Als ich mich 1972, nach dem Ende der beruflichen Zusammenarbeit mit Gyula Trebitsch von Hamburg abgeseilt hatte, ging ich nach Berlin.

Der junge Produzent, der mir ein neues Seil zuwarf, war Hans Redlbach, Produktionsleiter bei Ufa-Bertelsmann. Und bei ihm drehte ich sofort weiter, die sechsteilige Serie »Eine geschiedene Frau« geschrieben von Marcus Scholz, Maria Matray und Answard Krüger, Heinz Oskar Wuttig und Detlef Müller. Regie: Claus Peter Witt.

Mit Redlbach als Produzenten ging es dann stetig weiter. Es folgten »Vier Richtige« 1976, Regie Ludwig Cremers und »Endstation Paradies« bzw. »Ihr 106. Geburtstag«, beides von Thomas Engel, mit dem ich später noch so oft und gerne drehte.

Als Redlbach 1980 die Ufa verließ, ging ich mit. Er wurde Teilhaber von Direktor Brunnemann bei der Phönix Film. Als ob kein Wechsel stattgefunden hatte, drehten wir gleich mit Thomas Engel weiter und 1981 »Die kluge Witwe«, Regie Wolf Dietrich.

Und dann kam etwas Besonderes.

Immer wenn wir »Stoffe« suchten, Stücke, wenn wir überlegten, wie kann man etwas neues, noch nie Dagewesenes drehen – fiel der Name Gallico.

Ich erzählte, daß mein John schon Ende 1950 versucht hatte, den bezaubernden Roman von Gallico »Das Kleid von Dior« für mich zu bekommen. Es ist die Geschichte einer englischen Putzfrau, die nur einen Traum hat: Einmal nach Paris zu fahren und dort im Salon Dior für sich ein Kleid zu kaufen – ein Kleid, wie sie es bei

1982 In *Ein Kleid von Dior.* Fernsehspiel von Robert Müller nach dem Roman *Mrs. Harris M.P.* von Paul Gallico. NDR (Fernsehen)

einer »Lady« gesehen hatte, als sie bei ihr putzte. John hat es seinerzeit nicht erreicht, der Agent von Gallico lachte ihn aus.

Redlbachs Ehrgeiz war geweckt, und als er dann noch hörte, daß Frau Gallico, inzwischen Witwe geworden, Hofdame bei Fürst Rainier von Monaco war, gab es für ihn kein Halten mehr, er fuhr sofort zu ihr: Sein Charme brachte zwar den Eispanzer der Madame nicht zum Schmelzen, aber sie gab ihm die Erlaubnis, in New York den Agenten aufzusuchen mit ihrem Einverständnis für die deutschsprachigen Rechte.

Redlbach hat es geschafft, aber eins muß ich schreiben: Er und sein Compagnon Brunnemann haben an den ersten beiden Mrs. Harris-Produktionen »Ein Kleid von Dior«, Regie Peter Weck und »Freund mit Rolls Royce«, Regie Georg Tressler keine Mark verdient.

Wir drehten dann noch zwei weitere Mrs. Harris Filme »Der geschmuggelte Henry«, Regie Franz Josef Gottlieb und »Mrs. Harris fährt nach Moskau«, Regie ebenfalls Franz Josef Gottlieb.

1990 drehten wir dann zwei Produktionen auf Mallorca.

»Die Richterin«, Regie Jörg Grünler, mit Klaus Schwarzkopf und »Mrs. Harris fährt nach Mallorca«, die Sie sehen können, wenn dieses Buch erschienen ist.

Und während ich diese Sätze schreibe, ist mein Freund und Kollege Klaus Schwarzkopf gestorben und auch Hans Redlbach starb viel zu früh, noch nicht 48jährig.

1987 In *Mrs. Harris fährt nach Moskau.* Fernsehfilm von Ted Willis. ZDF (Fernsehen)

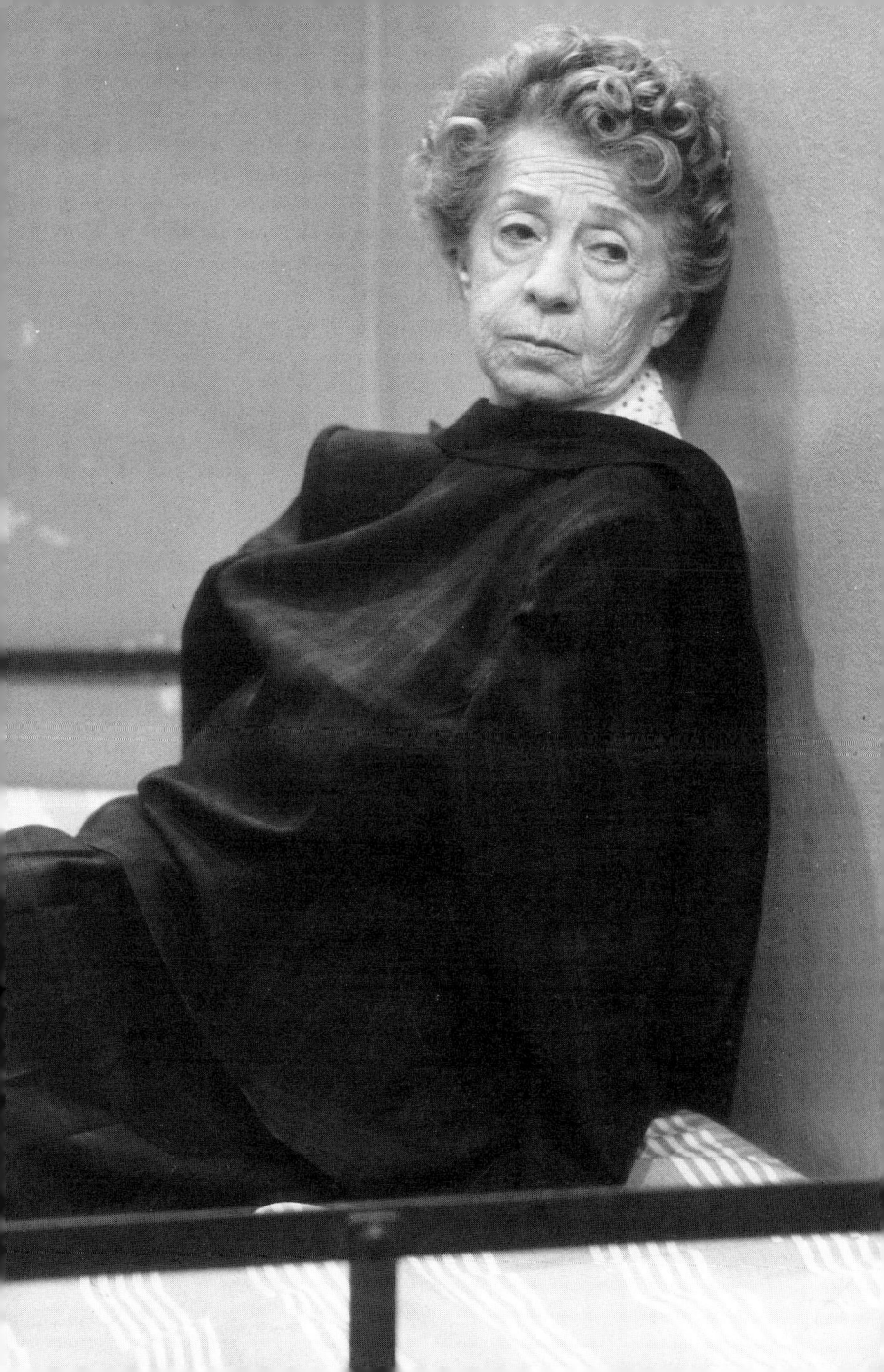

Die letzten Jahre in ARD und ZDF

Meine letzten großen Fernsehspiele wurden im wesentlichen von zwei Menschen bestimmt: Von Dieter Meichsner vom NDR und Dr. Kienzle vom ZDF. Beide haben mit der Auswahl meiner Regisseure eine glückliche Hand gehabt: mit Marcus Scholz und mit Franz Josef Gottlieb, durch den die letzten beiden Folgen der englischen Putze »Mrs. Harris« so etwas wie »Hits« geworden sind.

Marcus Scholz drehte nach dem »Geschenk« mit Wolfgang Kieling »Grenzenloses Himmelblau« mit Pinkas Braun, der von nun an noch häufig mein Partner sein sollte und zu den wenigen Freunden zählt, die mir Gott sei Dank erhalten geblieben sind. Es folgte noch im gleichen Jahr »Suche Familie – zahle bar« und 1986 dann »Vertrauen gegen Vertrauen« – die große Doppelrolle für mich – die egoistische geizige Schwester, die die andere, die von ihr eingeladen wird, Kidnappern sozusagen *zum Fraß* vorwirft. Und zuletzt, 1990, »Kein pflegeleichter Fall«. Bei all diesen Stücken war Scholz jedoch nicht nur der Regisseur, sondern selbst der großartige Autor.

Was täte ich ohne Marcus Scholz und Franz Josef Gottlieb?

Sie sind nämlich in gewissem Sinn auch meine Dompteure, aber sie sind die einzigen, mit denen man wunderbar streiten kann, ohne daß sie beleidigt sind. Ich behaupte mal: Dafür können sie zuviel. Denn ich habe eines gelernt – je mehr ein Mensch kann, desto mehr hört er sich die Meinung anderer an. Das ist jedenfalls meine Berufserfahrung. Und es gibt immer weniger, die dazu in der Lage sind.

1985 Mit Pinkas Braun in *Grenzenloses Himmelblau* von Marcus Scholz. ZDF

Folgende Doppelseite:
»Nicht vergessen darf ich *Frau Juliane Winkler* von Peter M. Thouet, ein Stück, das mir die große Freude brachte, 1983 mit Axel von Ambesser als Partner spielen zu dürfen.«

1991 In *Kein pflegeleichter Fall* von Marcus Scholz

1991 Mit Günther Jerschke in *Kein pflegeleichter Fall* von Marcus Scholz. ZDF

1991 Mit Claude Faraldo während der Dreharbeiten zu *In inniger Feindschaft* von Boileau-Narcejac

1991 Mit Hildegard Knef in *Inniger Feindschaft*. FR.3/SWF (Fernsehen)

»In inniger Feindschaft«

Der Anruf kam unerwartet. »Hier Geminifilm, Gerhard Schmidt. Gnädige Frau, sind Sie im Juli frei? Wir möchten gern einen französischen Film mit Ihnen drehen.«

»Mit mir? Sie meinen, einen Film in Frankreich drehen.«

»Nein, eine französische Produktion. Wir und das französische Fernsehen FR.3. in Paris wollen den Roman ›Champs Clos‹ von Boileau-Narcejac mit Micheline Prestl, Hilde Knef und Ihnen verfilmen. Und als besonderen Clou: Regisseur wird der französische Kultfilmer Claude Faraldo sein, bekannt durch seinen Film ›Themroc‹.«

Ich war fast aus dem Häuschen, ich wußte gar nicht, wie mir geschah. Mein Herz klopfte nicht, es hüpfte. In Frankreich, die Prestl, die Knef! Ich brauche wohl nicht zu schreiben, daß ich zusagte.

Es war eine wundervolle Zeit in St. Maxime und wir alle glaubten nicht nur an das Thema der zwei Hundertjährigen, die sich bekriegen und dann noch ich als 90jährige, die Rache nimmt für ihr angetanes Unrecht, nein, der Regisseur, ein Künstler von Gottes Gnaden, war derart von dem makabren Thema und seinen ihn anbetenden Darstellerinnen angetan, daß er drehte, drehte und drehte. Es kamen in der ersten Fassung vier Stunden heraus, also mußte geschnitten werden. Auf 1½ Stunden.

Was soll ich viel drumrumreden – es ist nicht mein Durchbruch geworden, der »Aufstieg zum internationalen Star« hat nicht stattgefunden.

Aber Faraldo und das französische Arbeitsteam möchte ich in meinem Leben nicht missen. Und sollte der Film von Baden-Baden, dem mutigen Sender, der sich beteiligt hatte, noch einmal gesendet werden: bitte sehen Sie sich ihn an. Sein Titel »In inniger Feindschaft« …

357

»Teures Glück«

Viele ältere Schauspieler klagen darüber, daß es für sie kaum noch Stücke gibt, das Erstaunlichste bei mir war, daß gerade das Gegenteil zutrifft. Je mehr Falten, um so besser Rollen.

Das Gute kam dieses Mal auch von den Franzosen und zwar zuerst »Les dames du Jeudi« von Loleh Bellon, einer großen Schauspielerin aus Paris.

Als sie merkte, daß es für sie kein Stück gab, setzte sie sich hin und schrieb sich einfach selbst eines!

Das Stück bekam in Paris den »Prix Ibsen« und den »Prix Tristan Bernard«.

Ein Theaterstück für drei Frauen, im Theaterjargon würde man sagen: »ein Fressen« für drei nicht mehr junge Darstellerinnen. In meinem Fall waren es noch Annemarie Düringer und Gisela Trowe. Als die Düringer an ihre Wiener Burg zurück mußte, übernahm Elfriede Kuzmany ihre Rolle. Die Regie war ein Glücksfall: Dieter Wedel, sonst ein Fernsehmann. Unter dem Titel »Die Damen vom Donnerstag« spielten wir es quer durch die Lande über zweihundertundfünfzig Mal!

Und dasselbe, aber mit noch größerem Erfolg passierte mit »Wie war das damals« von Jean Bouchaud, ausgezeichnet mit dem Preis der Pariser Theaterkritik. Diesmal spielte ich es zuerst im Fernsehen unter der Regie von Thomas Engel mit Cordula Trantow und Petra Verena Milchert und dann seit 1985 auf dem Theater, ich als die 75jährige, Kerstin de Ahna als 50jährige und Daniela Strietzel als 25jährige; dann übernahm diese Rolle die ganz junge Silke Jensen.

In *Teures Glück* mit Kerstin de Ahna (oben), Kerstin de Ahna und Silke Jensen (unten)

In *Teures Glück* mit Daniela Strietzel

Dieses Stück, am Theater heißt es »Teures Glück«, haben wir, man höre und staune, bisher 500mal gespielt in ganz Deutschland, Österreich, Holland und in der Schweiz. Und während ich meine Memoiren (ich finde das Wort für einen Lebensbericht eigentlich zu hoch gegriffen) beende, teilt mir mein Gastspieldirektor Joachim Landgraf mit, für 1992 hätte er schon wieder 60 Vorstellungen verkauft. Ich konnte ihm nur erwidern: »Gern. Wenn mich ein ›höherer‹ Direktor nicht vorher abberuft.«

Dankesworte

Jeder Mensch braucht Menschen, die ihn fördern, die Hilfestellung geben, wenn das Leben, ich will das große Wort »Schicksal« nicht überstrapazieren, einen beutelt. Und diesen Menschen möchte ich heute, am Ende meines Lebens, Dank sagen. Sie waren mir Freunde, sie haben mich durch meine Arbeit gemocht, haben mich weiterentwickelt, weil sie glaubten, mein Talent und meine Ausstrahlung wären es wert, weil sie sahen, daß ich mein Handwerk verstand – oder soll ich es »Kunst« nennen?

Ich gehe vorsichtig mit diesem Wort um, denn wir Schauspieler sind reproduzierend, darüber müssen wir uns klar sein, bei allem, was wir gestalten. Kunst sind für mich Michelangelo oder van Gogh. – Sind wir Schauspieler Künstler? Ich glaube nicht.

Aber diesen Menschen, die mir geholfen haben, das zu werden, was ich heute bin: dafür danke ich einer Frau, die mich geformt hat, meiner Lehrerin Ilka Grüning, danke ich meinen Direktoren Willy Maertens, Prof. Raeck, Friedrich Schütter, Prof. Liebermann, und Joachim Landgraf – meinen Regisseuren Peter Beauvais, Arno Aßmann, Victor de Kowa, Leo Mittler, Karl Paryla, Franz Josef Gottlieb, Marcus Scholz und Dieter Wedel.

Und meinem Produzenten, der mir die ersten Fernsehrollen gab: Helmuth Ringelmann, ich habe ihn nie vergessen. Immer wieder Dieter Meichsner vom NDR, Hans Redlbach von der Phönix-Film.

Besonders hervorheben möchte ich zum Schluß zwei Menschen, die mir in meinen schwersten Zeiten menschlichen Halt gaben: Helga Mauersberger, eine der kreativsten Frauen des deutschen Fernsehens und Gyula Trebitsch, der mir und meinem Mann ein Leben lang Freund und Förderer war.

Ja, und nun bin ich bei der Produktionsfirma seines Sohnes Markus gelandet, und so schließt sich der Kreis.

Ehrungen

Es begann am 3. April 1954 – ich bekam den »Goldenen Bildschirm« in Stuttgart in der Liederhalle. Noch fünfmal sollte ich ihn bekommen.

Und es folgten Jahre der Auszeichnungen: Sechsmal bekam ich den »Bambi«, einmal die »Goldene Kamera«, neunmal von der Jugendzeitschrift Bravo den »Goldenen Otto« und 1965 ganz überraschend den »goldenen Pfeil« als Siegerin der Musikparade »Pop Roll 65«. Es wurde mir in Amsterdam zugesandt, als ich gerade Theater spielte, und wenn ich ehrlich bin, bis heute weiß ich nicht, wofür ich ihn bekam.

Ich bekam den »Goldenen Vorhang« für die beste schauspielerische Leistung des Jahres 1975/76 und zwar für die Rolle der Hebamme in dem gleichnamigen Stück von Rolf Hochhuth und 1985 das »Silberne Blatt« der Dramatikerunion, verliehen für die kontinuierliche Förderung des zeitgenössischen dramatischen Schaffens. Dann folgte die Verleihung der »Ehrenmaske mit Brillanten« des Boy-Gobert-Preises 1990 durch den Vorsitzenden Prof. Dr. Bernhard Servatius und dem Stifter des Preises Dr. Kurt A. Körber, ein Erfinder von Gnaden und ein Mäzen, wie es nicht viele in Deutschland gibt. Er hat sein ganzes Imperium, das heute über 7000 Mitarbeiter zählt, aus dem Nichts allein aufgebaut und ich bin froh, einen solchen Mann zum Freund zu haben. In Hamburg erhielt ich im Frühjahr 1991 die »Medaille für Kunst und Wissenschaft« aus der Hand des 1. Bürgermeisters, Dr. Henning Voscherau und zuletzt die Ernst-Reuter-Plakette in Berlin von Eberhard Diepgen, dem Regierenden Bürgermeister.

Und eine Ehrung durfte ich auch noch entgegennehmen und ich habe sie mit einem lachenden und einem weinenden Auge in Empfang genommen: Ein Jahr nach seinem Tod bekam mein Mann die »Goldene Kamera« für seinen Film »Die Gentlemen bitten zur Kasse«.

Ein winziger Stern

Übrigens, so ganz ohne eine Neuigkeit, liebe Leser beiderlei Geschlechts, möchte ich Sie nicht »entlassen«. An meinem 81. Geburtstag habe ich ein einmaliges und ungewöhnliches Geschenk erhalten. Meine Olsberg-Aslan Freunde, das Ehepaar Müller, haben es mir präsentiert: Einen Stern!

Ja, Sie lesen richtig. Einen Stern am Horizont: *The star in the heaven has been named for you.*

Am Himmel steht ein winziger Stern und heißt Inge Meysel, eingetragen und registriert in einem Buch, dem »International Star Registry, York, University Toronto«.

Also wenn Sie an mich denken, auch wenn ich nicht mehr bin – nur raufsehen – mit einem kleinen Augenzwinkern: zwinkere zurück.

In witness whereof we hereunto set our hands and affix the seal of the · International Star Registry · this 20th day of May 1991

Secretary   Registrar

Know ye herewith that the International Star Registry doth hereby, redesignate star number · Perseus Ka 3f2Bm 51 sd 31°25' to the name · Inge Meysel

Know ye further that this star will henceforth be known by this name · This name is permanently filed in The Registrys vault in · Switzerland and recorded in a book which will be registered in the copyright office of the · United States of America · ·

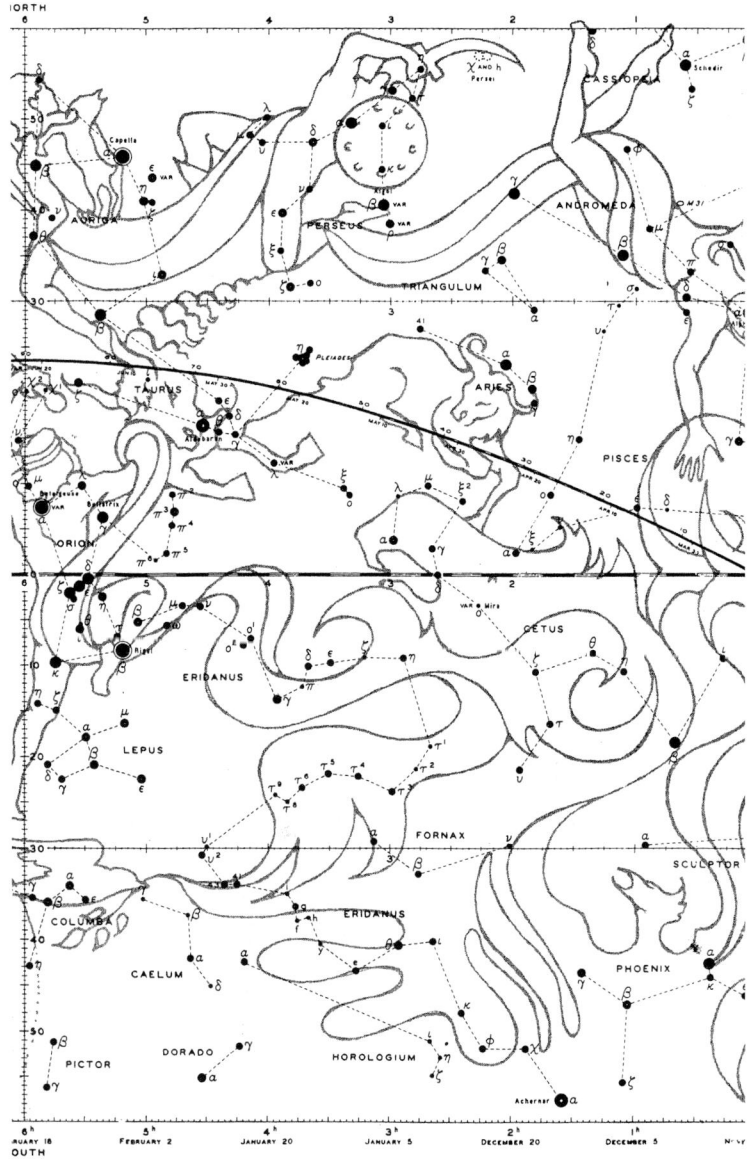

Register

Bildnachweis

Privatarchiv Inge Meysel: 2, 12, 15, 16, 17, 22, 24, 25, 33, 35, 45, 49, 55, 57, 63, 65, 67, 70/71, 74/75, 77, 79, 81, 87, 90, 92, 94, 99, 101, 108, 134, 142, 144, 150, 158, 159, 164, 170, 172, 173, 174, 176, 178, 180/181, 184, 185, 186, 187, 188, 189, 191, 192, 193, 194, 196, 197, 200/201, 202, 204, 205, 207, 208, 210, 211, 219, 220, 222/223, 226, 227, 228, 230/231, 232, 234, 235, 236, 238, 239, 241, 250, 258, 261, 266, 267, 272, 273, 276, 295, 300, 302/303, 304, 310/311, 320, 324, 329, 337, 343, 345, 349, 352/353, 354, 355, 357 – Axel Arens: 294 – Eric Bachmann: 319 – Ludwig Binder: 225, 270, 271 – Peter Bischoff: 350 – Dr. Walter Boje: 178, 179 – Ilse Buhs: 262, 264, 266, 283, 284/285 – Rosemarie Clausen: 154/155, 160, 162, 163, 166, 167, 168, 169, 252, 256/257 – Harry Croner: 218, 244, 246/247, 248, 278, 281 – Michael Dietrichs: 243 – F. v. Estorff: 222, 326, 327 – Arthur Grimm: 344, 346 – Geier-Busch: 322/323 – Groenewold: 296, 298/299 – Joachim Jaeschke: Vorsatz – Kraufmann & Kraufmann: 286 – Verlag und Konzertdirektion Landgraf: 358, 360, 361 – Ingeborg Mutschler: 254, 255 – Peter Pohlack: 268, 269 – Uwe Reuter: 290, 291, 293 – Ursula Röhnert: 260, 308 – Friedrich Rossmann: 190 – Bildarchiv Süddeutsche Zeitung: 91 – Michael Teufert: 366/367 – Thomas & Thomas: 334 – tw: 338, 342 – Ullstein: 83, 99 – Jutta Ungelenk-Stamp: 288, 314, 318 – Virginia: 316/317 – Titelphoto: Thomas Mayer/action press

Wo der Verbleib der Urheberrechte nicht geklärt werden konnte, werden berechtigte Ansprüche selbstverständlich abgegolten.

HEYNE BÜCHER

Leonie Ossowski

Lebendig, unterhaltsam, wirklichkeitsgetreu – die Werke einer großen Erzählerin der deutschen Gegenwartsliteratur. Für ihr Gesamtwerk erhielt Leonie Ossowski den Schillerpreis der Stadt Mannheim.

Stern ohne Himmel
01/7817

Wer fürchtet sich vorm schwarzen Mann?
01/7835

Liebe ist kein Argument
01/7922

Weichselkirschen
01/7954

Wolfsbeeren
01/8037

Blumen für Magritte
01/8183

Weckels Angst
Mannheimer Geschichten
01/8255

Von Gewalt keine Rede
01/8417

Holunderzeit
Roman
01/8641

Wilhelm Heyne Verlag
München